年間200ラウンド

ラウンドレッスン日本一のプロが教える「ゴルフ脳」

日本一の

寺 誠

主婦の友社

ラウンドレッスン スタート

はぁ……？
途中で泣きべそかかないようにね
ぐいっ
たっぷり頭も体も汗かいてもらいますよ
パキ
ポキ
え？
……なんか怖くなってきたなぁ
Hole.1
レッツGO！

はじめに

みなさん、ラウンドレッスンを受けたことがありますか？

ラウンドレッスンとは、プロゴルファーと一緒にプレーしながら指導を受けるレッスンですが、私はこのラウンドレッスンを年間200ラウンド以上行っています。ゴルフの指導者は日本中に数万人いますが、私ほどアマチュアと一緒にプレーし、現場で起こるミスを直接目にしてきたプロゴルファーはいないのではないかと自負しています。

私がラウンドレッスンを多く行うのは、ミスの本質はコースにあり、それゆえにレベルアップ、スコアアップの本質もそこにあると考えているからです。

もちろん、打席で球数を打ってスイングを構築することも必要ですし、私もそういったレッスンも行っています。しかしそれと同じくらい、その技術をコースでどう使うかを学ぶことも重要であり、スコアアップへの貢献度はスイング作り以上のものがあるのです。

実際、ショットのレベルが高くても、狙い方が悪いせいでわずかなミスで大叩きをしてスコアを崩している人は多いですし、プレッシャーのかかるコース内で正しいアドレスができない人、そしてその修正の方法を知らないせいでスコアが出ない人もたくさんいます。

こういった人の多くは、「頭ではわかっていても、コースでできない」ケースがほとんどなので、座学で知識を教えても改善されにくかったりします。そういう人には、現場で失敗をしてもらい、痛い目を見た実感によって意識改革をしてもらう、つまり「体で覚えてもらう」のがいちばん効果的です。それにより考える力「ゴルフ脳」も作られます。

ですので、私のラウンドレッスンは「辛口」で「意地悪」だと生徒たちによく言われます。ですが、ミスをしたあとのチクリというひと言や、「先に言ってくれれば!」というモヤモヤ感が、生徒の心に残り、それが次回の反省になるのです。私の生徒たちはそれをよくわかっているので、泣きべそをかきながら、たくさんの経験を持ち帰ります。

本書では、猪突猛進型の「いけいけ君」と、頭でっかちの耳年増「いいわけ君」の2人と仮想ラウンドをし、「ブラック先生」こと私が2人にチクチクと意地悪を言います。そのなかには、みなさんにとっても「俺もそうやってミスしたことがある」とか、「私もそうやりがちだ」という耳の痛いケーススタディがあることと思います。ぜひそれを、他山の石として次のラウンドに生かし「ゴルフ脳」をきたえていただければ、ちょっとした技術レッスンよりもはるかにスコアアップに貢献するはずです。

プロゴルファー　小野寺 誠

年間200ラウンド

ラウンドレッスン日本一のプロが教える「ゴルフ脳」

CONTENTS

第1章

テーマを決めて、それを1日徹底することが大事

第2章
パーだけを考えてプレーするからスコアがまとまらない

第3章

スコアメークには、徹底して逃げることも必要

第4章

フェアウェイやグリーンに球があることの価値は大きい

第5章

スコアは、意識して出してはじめて価値がある

序章 ～ラウンドレッスンのススメ～

ゴルフには、コースでしか身につかない技術がある

練習場でたくさん球を打ってスイング作りに励んでも、それだけではコースでスコアを出すことはできません。一方、ラウンド回数をふやしても、ただ漠然とプレーしているだけでは得るものは小さい。プロと一緒にラウンドしながら真の問題点を洗い出すラウンドレッスンこそが、スコアアップのいちばんの近道なんです。

年間 200 ラウンドレッスンしてきた私が集計したアマチュアゴルファーのミスの確率を円グラフにしたものです。

登場人物紹介

いけいけ君

技量がなくてもやってみないとわからないからどんどん実行してしまうタイプ。

いいわけ君

ミスが出たら改善しようと考える前に、自分以外に責任を転嫁してしまうタイプ。

ブラック先生

生徒さんの記憶に残るレッスンを心掛けて、毒舌スタイルを貫くプロゴルファー。

ミスの確率 Miss 99%

ラウンドレッスンの目的

コースでの自分と向き合わなければ上達確率0%!!

本書を読み進めるにあたって、まず最初に理解しておいてほしいのは、ラウンドレッスンの目的です。ラウンドレッスンは、スイング練習の場ではありません。ラウンドレッスン中に私は「打ち方」の話を少しはしますが、基本のスイングに関しては、新しいことはほとんど指導しません。

ラウンドレッスンは、日々の練習の成果を確認し、「実行する練習」をする場所ですので、スイングに関しては、現在の修正点を正しく実行できるかどうかだけをチェックします。そのチェックポイントも、基本的には1カ所だけです。

ラウンドレッスン中に気をつけてほしいのは「練習場と違う自分」を見つけること。これがラウンドレッスンの最大の目的の1つです。練習場でできていることが、コースでどれほどできないか。どこが狂ってしまうのか。そういう点を、自分のミスの中から見つけて持ち帰ることが重要なんです。

それはアドレスの向きであり、距離や方向のズレであり、スイングのリズムやミスの傾向です。練習場では真っすぐ構えられてもコースでは右を向く人がどれほど多いことか。これは、普段は練習場の足元のマットの向きに合わせて立っているだけなので、ターゲットに対して構えることができていないのが原因です。また、普段7番アイアンで150Yの看板に届かせられている人のほとんどが、コースでは140Yのバンカーを越えません。これは、普段から正確なキャリーとランについて考えずに練習しているからです。練習場でほとんど出ないダフリがコースで連発するのは、普段は人工芝のマットにダフリがごまかされているせいだったり、コースでは無意識に力んでいるせいでしょう。

コースで出るミスに対して「今日は何かおかしい。普段はこうじゃない」と考える人が多いですが真実は逆です。コースでのあなたが本当のあなたで、練習場での姿こそが虚像なのです。それに気づくことが、ラウンドレッスンの最大の目的です。

ラウンドレッスンの答え

コースで「今日はおかしい」という人は普段の練習がおかしいんだ！

Miss 90%

スコアも大事

結果にこだわれない人は、永遠にいいスコアは出ない！

ラウンドレッスンは、練習であり本番でもあります。スコアを出すことは至上命題ではありませんが、スコアがどうでもいいわけではありません。スコアを出すために工夫し、考えながらプレーしなければ、1打の重みは失われ、練習場の打席での球打ちと変わらなくなってしまいます。

たとえばいま取り組んでいる注意点を意識してスイングすることは大事ですが、だからといって「意識できたからミスでもOK」という発想はダメです。必ず結果に対する責任を持ち、OBなどのスコアダウンに直結する大ミスだけは避けながら、注意点を意識するという両立が重要です。

なぜなら、スイングの注意点を正しく履行できたとしても、「結果はどうでもいい」という開き直りのなかでできただけでは、それは実戦のプレッシャー下では役に立たないからです。**最低限、次打が打てるところに運ぶという制限のなかでできて、その技術ははじ**

めて意味を持つのです。

ギリギリのトライなどについても同様です。たとえば「ちゃんと当たれば140Yキャリーするはず」という番手で障害越えにトライするとします。これを、バンカーやラフなどの次のチャンスがあるという保険がかかった状況でトライするのはOKですが、ミスしたら池やOBだという状況でトライするのはNG。そこの判断は見誤らないでください。

一方で、スコアにこだわる必要があるとは言っても、それは「ベストスコアを狙う」という意味ではありません。前述のように、経験を積むためのトライはすべきですし、その結果としてスコアを多少落とすことは許容してください。

その意味では、自分の「基準スコア」くらいでのプレーを目指してください。多くのアマチュアは、100切り、80台、そういった基準があるはずです。そこにボーダーラインを引いて、それ以上のスコアでプレーすることを目指すのが現実的でしょう。

ラウンドレッスンの答え

ミスしても「仕方ない」人は、下手なままでも「仕方ない」

Miss 95%

打たない1打をなくす

ペナルティ、軽んずべからず！

スコアと同様に注意してほしいのが、**「打たない1打をなくす」ことです。**「打たない1打」とは、OBやペナルティエリアからの救済などのペナルティの1打のことです。

仮に100のスコアで回ったとして、そのうちOBが3発あっての100と、ペナルティなしで実際に100回打ってホールアウトした100では、アマチュアの方は「OBが3発もあっての100なら、まぁ仕方ないか」などと前者に満足感を覚える人が多いですが、**私はこの発想はスコアアップの妨げになると考えています。**

なぜなら、OBを3発打って100だった人は、それらOBになった1打をOBにせずに林の中でとどめられたりチョロで済んだりした場合、そこからリカバリーに1打かかったとしても、ペナルティを払うよりも各1打、合計3打縮められたはずだからです。「仕方ない」と考える人は、「本来の実力は97」と自分を慰めているのかもしれませんが、私から見れば「97で回れたところを100にしてしまった」というネガティブな部分しか見えません。その集中力の欠如と「1打」を甘く見る姿勢は、必ずや上達の障害になります。

プロや上級者は、OBがあってのダボを「OBのミスを除けばパー」のようなニュアンスで語ることがあり、ミスが重なってペナルティなしでダボを打つ「素ダボ」よりもマシと考える風潮があります。しかし、私はこれはナンセンスだと思っています。百歩譲って、本来そのOBを防げる実力のある人が、ケアレスミスでOBを打ってしまった場合にならそのニュアンスも通じるかもしれませんが、一般のアマチュアゴルファー、とくに普段からOBを量産している人にとっては、とんでもない話です。

そして何より、同じようにスコアが100回だったとしても、ペナルティのない人はその100回がすべて経験になりますが、OB3発で100を叩いた人は97回ぶんしか経験を積めていないのです。1打の経験を大切にするためにも、1回のミスで2打のロスをしてしまうOBやペナルティは、徹底的に避ける。これはとても重要なことです。

ラウンドレッスンの答え

ひとつの罰打は、ひとつの経験をムダにする

全てのショットに複数の選択肢を持つことが大切

Miss 95%

常に「ほかの選択肢はないだろうか」「もっとやさしい方法はないだろうか」と考えることは、とても大切なことです。

そうそう
意図のない攻め方
ばかりでは
上達はないからね

Miss 90%

データ収集

あなたの自己分析は9割間違っている！

ラウンド中、スコアをつける以外にも、できるだけ多くのデータを取りましょう。

自分の問題点を明確に把握するためには、客観的なデータが不可欠です。多くのアマチュアゴルファーは、ラウンドで起こったことを先入観に基づく印象だけで記憶しがちですが、そのほとんどは残念ながら間違っています。

たとえば、ラウンド全体を通してみればスライスのほうが圧倒的に多かったのに、大叩きしたホールでは左方向にミスしていたりすると「今日は左に曲げて失敗したな」という印象のほうが強く残っていることがあります。また「UTは得意」という印象を持っていたけれど、実際は長いパー3で1オンした記憶に引っ張られているだけで、統計を取ると芝の上からはナイスショットがほとんど出ていなかった、などというケースも非常に多くあります。

ラウンドレッスンは「練習場とは違った自分を見つける場」だと言いましたが、その実態を正しく把握し次の練習につなげるためにも、正確なデータは不可欠です。

次頁に、私が作ったラウンド用スコアカードがあります。それをコピーし、スタート前にスコアカードのヤーデージなどを転記して利用してください。

各ホールのスコア、パット数はもちろんですがフェアウェイヒットとパーオンの有無はぜひとも記録してほしいですし、ショットが右に行ったか左に行ったかの記録、２打目をどの番手で打ったか、バンカーに入れた数、１００Ｙ以下の距離が残った場合のグリーンまでの打数、１ｍ以上のパットが残った場合にその成否などのデータがあれば、自分の本当の弱点が明らかになります。

これらのデータは、実際に私がつけているものですし、生徒とのラウンドでも、全項目とはいいませんが記録しています。これによって弱点の把握と、今後の練習課題の作成はより確実に、効果のあるものになるはずです。

ラウンドレッスンの答え

データを取って真実を見なさい！

SCORE CARD

DATE　　　年　　月　　日　天候　　　　　　コース

HOLE	Par	HDCP	Yard	スコア	1打目	2打目	3打目	パーオン	100Y	パット
1										
2										
3										
4										
5										
6										
7										
8										
9										
OUT										

HOLE	Par	HDCP	Yard	スコア	1打目	2打目	3打目	パーオン	100Y	パット
10										
11										
12										
13										
14										
15										
16										
17										
18										
IN										

	Par	Yard	スコア	パット数
TOTAL				

いけいけ太郎

DATE 2019 年 4 月 1 日 天候 晴 コース グラッシCC

HOLE	Par	HDCP	Yard	スコア	1打目	2打目	3打目	パーオン	100Y	パット
1	4	④	372	7	R(OB)	(R)7		×		2
2	3	②	191	5	R SW			×	3	①
3	4	14	369	5	(R)	L6		○		3
4	4	10	351	7	R(OB)	R8		×	1	2
5	5	16	485	6	(R)	LU	B	×	1	2
6	4	⑥	410	5	L	R6		×	1	②
7	5	12	454							
8	3	18	125							
9	4	⑧	359							
OUT	36		3116							

中央より右ならR 左ならL フェアウェイなら○

使った番手を記入

100Y以下の距離が残ったらそこからのグリーンまでの打数

1m以上のパットが入ったら○

難ホール4つに○

パーオンしたら○

OBや池ポチャも記録

バンカーはB

HOLE	Par	HDCP	Yard	スコア	1打目	2打目	3打目	パーオン	100Y	パット
10	4	③	365							
11	5	①	491							
12	4	13	389							
13	3	9	128							
14	4	15	407							
15	4	⑤	376							
16	3	11	176							
17	5	17	474							
18	4	⑦	390							
IN	36		3196							

	Par	Yard		スコア	パット数
TOTAL	72	6312			

マイスコアカードの記入例

●スタート前にパーや距離などのコース情報を記入しておこう。

● HDCP はハーフごとに難しい（数字が小さい）4ホールを〇で囲む。

●「1打目」「2打目」「3打目」の欄には使用番手とショットの方向を記入。
右ならR、左ならLと書き、フェアウェイに行ったら丸で囲む。

●パーオンしたら「パーオン」欄に〇を記入。

● 100Y 以下からのショットやアプローチが残った場合は「100Y」の欄にそこからグリーンまで何打かかったかを記入する。

●パット数の数字は、1m以上のパットを決めたら〇で囲んでおく。これでいかに1m以上のパットが難しいかに気づく。

私たちと一緒に仮想ラウンドをして「ゴルフ脳」をレベルアップ！

本書は、私と2人のアマチュア「いいわけ君」「いけいけ君」とのバーチャルラウンド形式で進んでいきます。

プレーしているコースは実在しない仮想コースですが、各ホールのパー、HDCP、ヤーデージなどはすべてリアルに想定して設定してあります。

下にそのスコアカードを載せましたので、みなさんはこれを参考に、コースの状況を頭の中でイメージしながら読み進めてください。コー

HOLE	10	11	12	13	14	15	16	17	18	IN
HDCP	3	1	13	9	15	5	11	17	7	
Yardage	365	491	389	128	407	376	176	474	390	3196
Par	4	5	4	3	4	4	3	5	4	36
Score										
Putt										

スのレイアウト図はあえてお見せしませんので、景色やレイアウトをできるだけビジュアル的に想像しながら読んでください。

ゴルフの上達には、こういった「見えない部分」へのイメージ力もとても大事です。「こういうホールは、だいたい右にOBがある」とか「見えないけれど、あそこにバンカーがあるはず」「この景色だと、グリーンは奥から速いだろう」とか、経験を積んでくるとそういったことも想像できるようになってきます。すべてが見えるわけではないゴルフコースでは、こういった能力が危険回避に非常に役立つのです。

ただ文字を追うだけでなく、想像力をフル回転させて本書を読んでいただければ、最大の効果を得られるはずです。

HOLE	1	2	3	4	5	6	7	8	9	OUT
HDCP	4	2	14	10	16	6	12	18	8	
Yardage	372	191	369	351	485	410	454	125	359	3116
Par	4	3	4	4	5	4	5	3	4	36
Score										
Putt										

第1章 ～スタート前から出だし3ホール～

テーマを決めて、それを1日徹底することが大事

ランドレッスン中に、スイングの問題点をあれこれと直すことはできません。しかし、注意すべきポイントを1点に絞り、1日のラウンドを通してそれを徹底することはとても重要です。これをやり通せば、「練習場ならできるのに」とならない、本番で役立つ真の技術が身につくのです。

残り距離だけで番手を選んでたら一生上達しないよ

170ヤードか…
自信はないけど
5鉄だな

コース到着

ギリギリ到着は下手な人の習慣!!

今日のティオフ時間は9時。ゴルフはスタート前に準備することが多いので、スタートの1時間前にはコースに到着するのが基本です。

いいわけ君は、8時にコースに到着すると、バッグを下ろして受付を済ませ、ロッカーで着替えてトイレに行きました。時計を見ると8時20分。まだちょっと時間があるので、ウォーミングアップに練習場に行くことにしました。

いいわけ君「おはようございます。1カゴくらいは打つ時間あるかなあと思って……」

ブラック先生「おはよう！ スタート前から100叩きの刑だね!!」

いいわけ君が、ドライビングレンジに来た段階でもうティオフの30分前。スタート5分

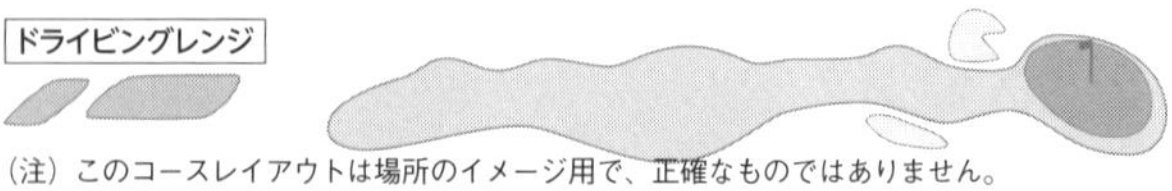

(注) このコースレイアウトは場所のイメージ用で、正確なものではありません。

前にはティイングエリアにはいたいですし、その前にパター練習もしたいとなると、ボールを打つ時間は15分くらいしかないでしょう。

ゴルフ場に来るまでは、多くの場合朝早起きし、1時間以上車に乗って移動してきます。そのためコースに着いたときには、体はガチガチに固まっていて、到底スポーツをする状態にはありません。スタート前に練習をするとしても、この状態からいきなり1カゴくらい球を打ったところで、十分な準備はできないでしょう。ある程度体が動く状態でスタートするには、ボールを何カゴも打ち込む必要はありませんが、ある程度のストレッチや素振りをしてからゆっくりと1～2カゴ打つくらいの時間はほしいですね。

何分前に到着する必要があるというものではないですが、**スタート前にバタつくと、スイングやプレーのリズムも崩れます**。自分の行動を逆算して、多少余裕を持ってコースに到着するようにしましょう。

ラウンドレッスンの答え

ボディのアップが足りない人は、スコアのアップも絶対ない!!

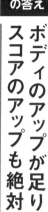

ドライビングレンジ

朝練しても、下手は下手！

いいわけ君よりも1時間ほど早くコースに着いたいけいけ君は、早速ドライビングレンジに足を運ぶと、時間は十分とばかりにボールを山積みにして練習を始めました。

しかしドライバーはスライスやチョロばかりでいい当たりが出ず、いけいけ君もムキになってドライバーを振り回しています。

ブラック先生「おはよう！　朝からそんなに練習してもムダだよ！」

いけいけ君「ええ〜〜？　ムダなんですか？」

もちろんスタート前にボールを打つことはムダではありません。私がムダだと言っているのは、スタート前の練習場で、スイングのヒントやいい球が打てるような何かを見つけようとすることです。アマチュアゴルファーの多くは、朝のドライビングレンジでナイス

ショットを打とうとし、またナイスショットが打てるように「練習」しようとする人が多いですが、スタート前の数十球で上達できるほどゴルフは甘くありません。

スタート前の球打ちの目的は、ウォーミングアップと、今日の状態を探ることにあります。誰しも日ごとの好不調というのは存在します。やたらと球がつかまる日もあれば、反対にどうやってもスライスばかりする日もあったり、なぜかダフリ気味になる日もあります。スタート前にボールを打つことで、そういった「今日の傾向」を知っておけば、それを前提にしてラウンドできるはずです。

また**朝の練習場は、「今日のテーマ」を決める場としても重要です。**朝の練習の状態を見て、その日1日注意すべきテーマを決めるのです。私のようなコーチが同伴していればベターですが、自分1人であっても、普段注意している点などをスタート前にチェックして「何をやるか」を確認しておきたいですね。

ラウンドレッスンの答え

ナイスショットに喜ぶ暇はない ミスショットに目を向けろ

パッティンググリーン

パタ練をサボると午前中が100%ムダになる

ドライビングレンジでギリギリまで球を打っていたいけいけ君は、パッティング練習をせず、スタートホールのティイングエリアにやってきました。

ブラック先生「まさか、パット練習せずにスタートしちゃうの？」

いけいけ君「なかなか納得がいくショットが出なくて……」

ブラック先生「すごい自信だなあ（笑）」

朝のパッティング練習は、スタート前の必須科目。もし時間がなかったとしても、ショット練習よりもパットを優先してほしいです。

というのも、パッティングというのはグリーンのコンディションに大きく左右されますが、そのコンディションは実際に芝の上で球を転がしてみないと判断できないからです。

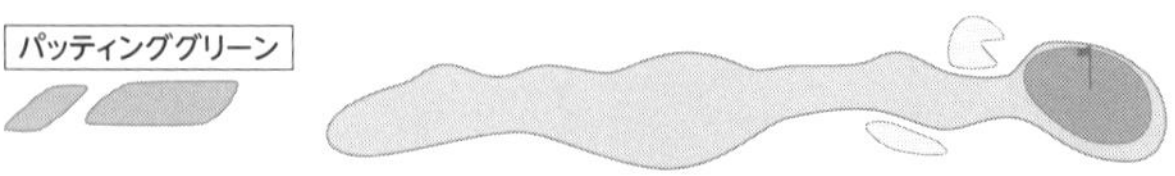

その判断方法は、自分のホームコースなどを基準に「これだけ振ると何m転がる」という自分の基準となる振り幅と距離を作っておき、同じ感覚でストロークしたときに転がった距離がどのくらい違うかをチェックするのです。このとき、真っすぐなラインの上りと下りで行って、トータルで考えるのがポイントです。これをベースに、ロングパット、ショートパットそれぞれのフィーリングやラインの切れ方などをチェックして、その日のグリーンの印象を判断します。

この作業なしでコースに出たら、グリーンオンしてもどのくらいのタッチでパッティングすればいいのかわかりません。計量スプーンなしで料理をするようなもので、それをスタート後にゼロから作っていこうとしたら、タッチが合う頃には前半のハーフくらいは終わってしまうでしょう。午前中のパッティングをムダにしないためにも、スタート前のパッティング練習は必ず入念にやってください。

ラウンドレッスンの答え

グリーンチェックは朝飯よりも大事！

やることを決める

テーマのない練習は練習じゃないよ

スタートホールのティイングエリア。前半ハーフは、スイングについてとくに意識しながらプレーしてほしいので、今日最初のショットを打つ前に、いけいけ君、いいわけ君の2人に、今日のテーマを決めてもらうことにしましょう。

いけいけ君「僕は『スライスしないこと』かな」

いいわけ君「うーん、『僕はダフらないこと』にします」

ブラック先生「漠然としすぎ！　自分が『やること』を決めようよ」

2人とも、テーマ設定の仕方がアバウトすぎます。「スライスしたくない」「ダフりたくない」のはわかりますが、**スイングのテーマというのは、そのために自分が何をすべきかを決めることが大事なんです。**

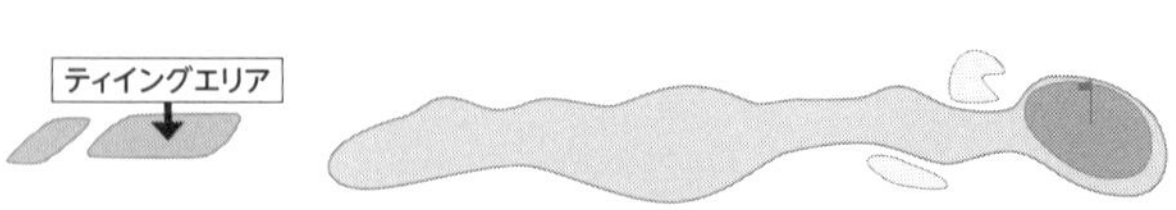

ですので、フェースローテーションが不足してスライスしがちないけいけ君なら「フェースをしっかり返す」とか、体の上下動がダフリの元凶であるいいわけ君は「バックスイングで伸び上がらない」など、何かひとつ、意識すべき動きのポイントを見つけ、それを徹底してやりきることが大事なんです。

こういったポイントは、スイング中にいくつも意識できませんから、基本的には1点だけで構いません。ただし、どのスイングでもその点を常に頭に置いておくこと、動きを中途半端にせず、自分ではやりすぎだと思うくらい極端に実行することが重要なんです。

頭の中で意識するだけでなく、極端な素振りなどで体に意識づけするのも効果的です。ＰＧＡの選手などが、ショットの前にすごく極端なカット軌道の素振りをしたりするのを見ますが、それと同じ。自分ではオーバーすぎるくらいの動きで、やっと実際のスイングに変化が現れるのだということを肝に銘じてプレーしましょう。

ラウンドレッスンの答え

たくさんのことは実行できるわけがない。ひとつに絞って、それだけは忘れるな！

ゴルフは
100メートル走じゃない!!

ゴルフは、昼休みまで入れたら５時間を超える長丁場のスポーツ。５時間といえば、フルマラソンよりも長い。それを 100 メートル走みたいにスタートダッシュをかけたら、ミスをしやすいだけでなく、１日のペース配分も乱れること確実。

いけいけ君は、マン振りのプッシュアウトで OB。出だし３ホールくらいまでは自分のコンディション確認作業の時間にしないとミスがふえていきます。

ダフリトップ

そのミス、本当にトップですか？

一方、いいわけ君の1番ホールのティショットは、当たりはそこそこでしたがフェアウェイはキープ。2打目はグリーンまで残り150Yほどの状況となりました。

早速パーオンのチャンスと7番アイアンでグリーンを狙いましたが、力んだせいか、結果はチョロ。ボールは地面を跳ねるように70～80Yほどしか飛びませんでした。

いいわけ君「あっ！　トップしちゃった！」

ブラック先生「ハイ、ちょっと待った！」

いいわけ君「えっ？」

ブラック先生「いまのミス、本当にトップかな？　ちょっと鑑識を呼ぼうか（笑）」

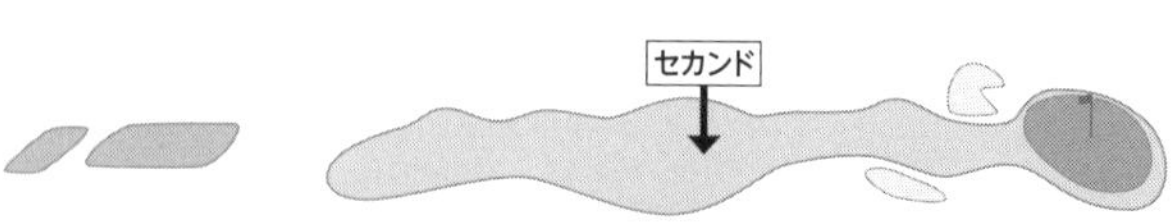

いいわけ君のショットの跡をチェックすると、ボール手前の地面がしっかりと削れています。これはトップではなくダフリだった動かぬ証拠。事件の真相は、ヘッドがボールの手前に落ちたのに、クラブのソールが地面で跳ねた結果、リーディングエッジがボールの赤道よりも上に当たったいわゆる「ダフリトップ」でした。これはもう、現行犯逮捕です。

現象としては、アイアンのリーディングエッジにボールが当たり、球は浮かずにチョロッと転がっていったわけですが、同じチョロ球でも、最下点がボールの先にありながら薄めに当たった「トップ」と、最下点がボールの手前にきてヘッドが地面に当たって跳ねる「ダフリトップ」では、原因がまったく違います。ダフリトップは、結果的にヘッドが跳ねただけで、スイング上の問題はダフリとまったく同じなんです。

このダフリトップをトップだと勘違いしてしまうと、その後の問題点の修正も正しく行えず、芯に当たらないまま何をやっても改善されないという最悪のスパイラルに陥りかねません。それを防ぐためにも、ショットの結果を、ボールの飛び方だけでなく、インパクトで何が起こっていたのかについても自分で正しく把握することはとても重要です。

しかしアマチュアの方の多くは、いまのミスショットがヒール側だったのかトウ側だったのか、フェースの上だったのか下だったのか、フェースが閉じていたのか開いていたのかを感じられていません。いいわけ君も、ヘッドが地面に当たってからボールに当たったのか、それとも先にボールに当たったのかを感じられなかったから、ボールだけを見て「トップした」と言ったのです。

インパクトのフィードバックが得られない最大の理由は、力みにあります。腕やグリップにギュッと力が入って力んだ状態では、インパクトでボールがフェースのどこに当たったかを感じることなどできません。

とはいえ、「力を抜いてスイングする」というのは、力んでいる人にとってすぐにできることではありません。ですのでまずは、普段から「いまのはちょっとヒール」とか「ダフってフェースが開いた」とか、**１発１発どう当たったのかを口に出しながら練習するような工夫が必要でしょう。**そこに意識が行くようになれば、自然と腕や手の力みも抜けてくるものです。

ラウンドレッスンの答え

打点を感じられない人はナイスショットしてもただの偶然

小数点のあるパー

平均スコア90の人はパーを目指すな！

2番ホールは、レギュラーティから190Yを超える長いパー3。しかもグリーン周りにはバンカーもある、このコースでも屈指の難関ホールです。長いからこそティショットは失敗したくないけれど、ムリをしたら大叩きもあります。

そんなホールでいけいけ君は、5番ウッドを持ってティショットを打とうとしています。

いけいけ君「どうせ乗らないけど、ここは一応5番ウッドで……」

ブラック先生「どうして『どうせ乗らない』って思っているのに、5番ウッドで打つの？　実は乗せようとしてるよね？」

いけいけ君「え……。だって、5番ウッドなら当たれば届くし……」

この発想は、「パー3だから1オンの可能性は捨てたくない」という心理が原因でしょ

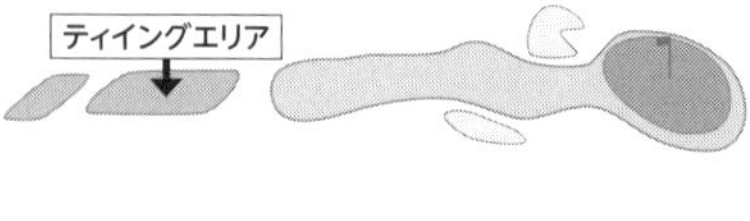

う。そうそう長いパットが入らないことはわかっているし、寄せワンだって簡単ではないので、パーを獲るには1オンが必要という気持ちがあるのです。しかし自分で「多分乗らない」と言いながらその5番ウッドを持っているあたりは、なかなか罪が重いですね。

この難関ホール、10回ラウンドして、いけいけ君の腕前でパーが獲れるのは1回か、多く見積もって2回でしょう。改めて聞きますが、90切りを目指すいけいけ君に、このホールでの「3」は必要ですか？　「4」でもそれはパーと同じくらいの価値があるのではないでしょうか。

とはいえ、実際には「パー4だと思ってプレーする」というのは、心理的に難しいものです。とくに、1発当たって1オンすればチャンスが転がり込んでくるパー3の場合は、「もしかすると」という気持ちは消えませんし、パー4のつもりでボギーになったら「5」になってしまうという心理も働きますからね。

そんなときは、このホールを「パー3・7」くらいだと思ってプレーしてはどうでしょうか。「だいたい4だけど、うまくすると3もある。5じゃなければOK」というと、このくらいの数字になると思います。「3」が必要だと思うと1オンしたくなりますが、「4

以下」と考えるなら2オンでも許せませんか？

いけいけ君のように大きな番手を持ってのティショットで1オンに成功するビジョンが見えないとしても、「4以下で上がればいい」と思えば、確実に2オンさせて最初のパットで勝負するという別の発想が生まれると思います。

ここで大事なのが、同じ2オンでも、2打目が「乗せるだけ」にならないこと。3打目のパットで勝負するためには、なんとか3～4m以下からパッティングできる状況を作りたい。そのためには、2打目をバンカーや難易度の高い傾斜地からではなく、その範囲を狙えるような位置からアプローチしたいのです。

こうやって逆算していくと、ティショットの最善策は「5番ウッドで一か八か」ではないはず。正解は、「2打目で寄せにいけるところに運ぶこと」なんです。

もう少し難易度の低いホールならこれがパー3・4とか3・3になります。そうなると、3打目のパットは1．5m以下くらいから打ちたいですよね。そのためには、2打目はグリーン上からのパッティングか花道からカップを狙えるようなアプローチにしたい。つまり、ティショットは「グリーン上かカラーくらいに運ぶ」ことが目的になります。

このように、**パーの数字を整数ではなく、小数点以下１桁めをつけて考えてみる**と、マネジメントがハッキリしてきて、いけいけ君のように「多分乗らないけどとりあえず５番ウッドで」というような思考停止のショットをすることはなくなるはずです。

もちろんこれはパー５やパー４にも応用できますし、腕前によってはパー５のホールをパー４・５で考えるというように、「減らす」ことがあったっていいのです。

余談ですが、プロのトーナメントで、通常はパー５で営業しているホールを、初日は前のほうのティから４８０Ｙくらいの長いパー４で、翌日はティイングエリアを少し下げて５００Ｙくらいの短いパー５でというふうに設定を変えて使うことがあるのですが、そういう場合、パー５設定のほうが距離が伸びても平均スコアがよかったりすることがあるのです。これは、パー４設定では「２オンが必要」「５は打てない」と考えてムリをしがちなのに、パー５では「３オンでもＯＫ」と考えた結果プレーに余裕が出るのが原因。考え方ひとつで攻め方も結果も変わる好例ですね。

ラウンドレッスンの答え

パー設定に小数点以下をつけるべし！

ラインよりタッチ

タッチも合ってないのにラインを気にしても意味がない

同じ2番のパー3。ティショットは届かなかったものの、なんとか2打目をグリーンに乗せ、10m近いとはいえパーパットを打つチャンスを得たいいわけ君。入念にラインを読み、ボールの線を狙った方向に合わせて慎重にパッティングに臨みます。

強めに打ち出されたボールは、いいわけ君の読みよりもわずかに大きく曲がり、カップの下側を通り過ぎて3mほどオーバーして止まりました。

いいわけ君「惜しい〜〜！　ラインの読みはよかったのになあ」

ブラック先生「どこが惜しいの？　タッチもラインも合っていないよ」

いいわけ君のパットは、たしかにカップのすぐ近くを通り過ぎていきましたが、実際はそんなに惜しくないパットなんです。

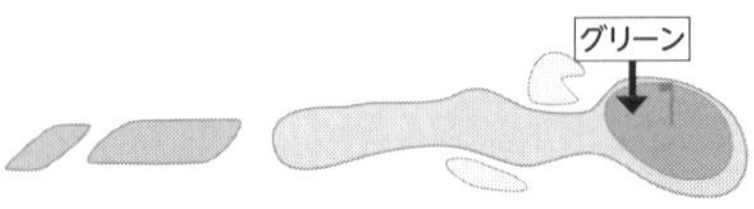

その理由は、まずタッチが強すぎたこと。3mもオーバーする強さでは、ボールがカップ上を通ったとしても、蹴られて外れた可能性大です。しかも、強かったうえにカップの下側に外れているわけですから、同じ狙いでタッチが合ったとしたら、もっと大きく切れてカップから離れていくしかありません。反対に、あの打ち出し方向でカップに向かうにはもっと強いタッチで直線的な転がりが必要ですから、それこそカップ上を通過しても飛び越えてしまうでしょう。つまり、タッチもラインもどちらも合っていなかったのです。

いいわけ君のパッティングの読みには、ラインばかりを気にしてタッチが存在しません。ボールスピードのイメージがないまま、漠然とライン＝曲がりだけを気にしていました。**パッティングを考える際は、ラインよりもまずカップまでのタッチが先です。**ジャストタッチなのか、1mオーバーなのか、2mオーバーなのか。そしてその強さで打ったらどのくらい切れるかという手順で考えることが重要なのです。

ラウンドレッスンの答え

ラインを読むより前にまずタッチ！

あそこにだけは入れたくない
左がイヤだからって右を向けばいいってわけじゃない！

グリーンの左サイドに深いバンカーがある3番ホール。ティショットでまずまずのドライバーを打ったいいわけ君。2打目を残り140Yくらいのいいライから打てるので、なんとかグリーンには乗せておきたいと考えています。

8番アイアンを持ってグリーンを狙いますが、左側に切ってあるピンと、その左に口を開けるバンカーが気になって、なかなかアドレスが決まりません。もじもじと時間をかけたアドレスから、まさにバックスイングを始動しようとしたとき……。

ブラック先生「ちょっと待った！　いま、どこを狙ってる？」

いいわけ君「うわっ！　バンカーを避けてグリーン右端ですが……」

いいわけ君のスイングを止めたのは、彼から左に引っかけそうな気配がプンプン漂って

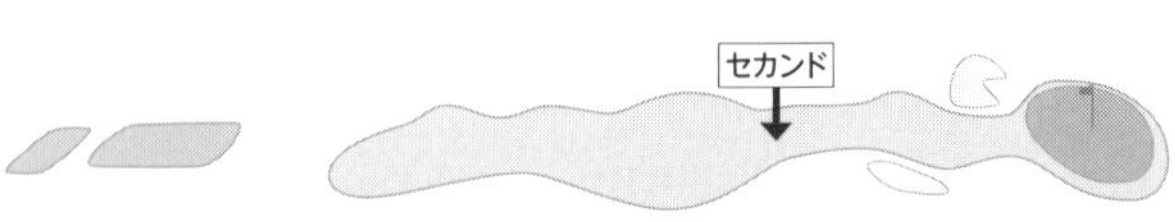

いたからです。あのまま打ったら、左のバンカーに目玉になっていたかもしれません。

いいわけ君はスライサーですが、グリーン左サイドのピンと、その左にあるバンカーが気になってかなり右を狙って構えていました。もともとスライスするのにそんなに右を向いて構えたら、体が右をイヤがって反応し、球をつかまえにいって引っかけが出る可能性が非常に高くなります。

持ち球がスライスなら、この状況は左サイドのピンを狙ってスライスしても安全なんです。大きく曲がってもグリーンの右に少し外れるくらいで、次はグリーンを広く使えるやさしいアプローチになるはず。寄せワンのパーか、悪くてもボギーに収められるはずです。バンカーが怖いのはわかりますが、こういう状況では「左がイヤ」と考えるだけでなく、「グリーン右サイドか、少し右に外してもＯＫ」と、**許容範囲を広げてあげ、持ち球をベースに考えることが必要です。**

ラウンドレッスンの答え

「どこがイヤか」よりも「どこならマシか」を考えよ！

何mなら入れにいく?

5mのパットなんて入るわけない

同じ3番ホール、ティショットの当たりはイマイチだったものの、2打目をうまく打って見事パーオンに成功したいけいけ君。ピンまで6mのバーディパットに臨みます。

いけいけ君「よーし、これが入ればバーディだぞ!」
ブラック先生「でも、入れにいって外すとボギーが見えるよ」
いけいけ君「イヤなこと言わないでください!」

私の警告にもかかわらず、いけいけ君は思い切りのいい(?)パッティングでカップを2mオーバーし、返しも入らずに2オン3パットのボギーとなりました。

余計なことを言うから……という表情で私を見ますが、そもそも6mのパットが入ると思っているのだとしたら甘すぎます。トーナメントプロでも、5mが半分入れば上位に食

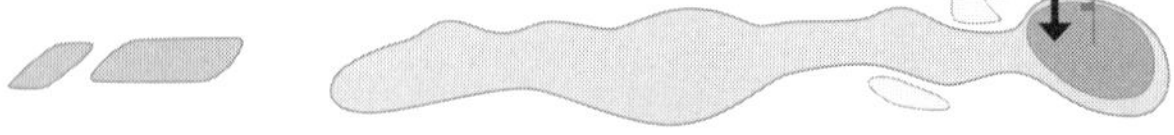

い込みます。にもかかわらず、アマチュアの方に「何mなら入れにいくか」を尋ねると、多くの方が「5m」と答えます。その結果、いけいけ君同様、大きく外して3パットという残念な結果を量産するのです。

5m以上のパットは次のパットをストレスなく沈められる距離に「寄せる」感覚が不可欠です。5mを入れようとすると、「5m以上」打とうとするのが一般的な心理。しかし、「5m以上」打とうとしたパットとは、6~7m転がるタッチです。そこを基準に生じた誤差のせいで、外れると6~8m先に止まることが多々あります。その結果、1~2mの返しのパットがよく残り、みなさんそれをよく外します。

5mのパットは、ショートしてもいいんです。5m地点に止めようとして打てば、20%の誤差があっても4~6mの範囲に止まります。これなら次は1m以内ですから、毎回外すようなことはないはず。これを徹底するだけで、3パットはかなり減らせるはずですよ。

ラウンドレッスンの答え

3パットを減らしたければ、5mを狙うべからず

第2章 ～序盤～

パーだけを考えてプレーするからスコアがまとまらない

平均スコアが 90 ～ 100 のアマチュアゴルファーが、平均 70 前後で回るプロゴルファーと同じ「パー」を基準にプレーするのはナンセンス。「自分にとっていいスコア」を出すためには、自分の実力を正しく評価し、ときにはボギーやダボも受け入れながらプレーすることが大事です。

乗るかどうかわからないけど5番アイアンで！
その選択禁固刑！

ゲームの流れ

トリ、ダボ、ボギーだって問題ない

序盤の1、2、3番ホールをトリ、ダボ、ボギーと叩いてしまったいけいけ君。出だしからボギーペースを保てない苦しい現実に普段のイケイケは影を潜め、すでにどんよりとした敗戦ムードを醸し出してしまっています。

いけいけ君「あ～、パーが獲れない～。今日も90切りはムリかなあ」

ブラック先生「いや、ゲームの流れを考えれば、取り返せないほどの流れじゃないよ？」

いけいけ君「えっ？　流れって何ですか？」

私がラウンドレッスンする際に重要視しているキーワードに、「ゲームの流れ」があります。「流れ」にはさまざまな要因が関係しますが、**まず基本となるのは「3ホールごと**

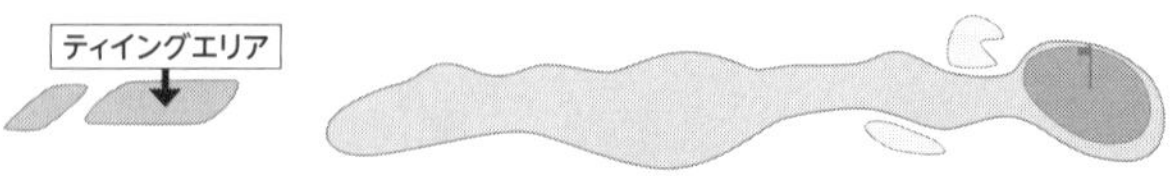

の流れ」。この考え方をご説明しましょう。

みなさん、何でもいいので、手元にスコアカードを用意してください。そしてそのスコアカードを3ホールごとに区切って線を引いてみてください。ポイントは、この3ホールごとにスコアを分けて考えていくこと。9ホール全体を見て49だとか51だとかいう前に、この**3ホールごとのスコアをまとめていくことを考えるのです**。

いけいけ君は、1、2、3番の3ホールで6オーバーしてしまい、ボギーペースを3つも下回る流れになってしまっています。これは、一見最悪の流れかもしれませんが、もう少し細かく見てみると、別の側面が見えてきます。

今度は、スコアカードの「HC」とか「HDCP」と書いてある欄をチェックしてください。これはハンディキャップ、簡単に言えばホールの難易度を表しています。アウトとインの9ホールで偶数と奇数に分かれて1から18まででホールの難易度を表しています。1が一番難しいホールになります。

次にHDCPの数字に、ハーフ毎に小さいほうから4つに○をつけてみてください。すると○がついたホールは、3つに分けた序盤、中盤、終盤に、それぞれ1つもしくは2つずつ入っているはずです。○を3つではなく4つつけることで、3ホールごとの3つの区切りのどれか1つに○が2つつくところができます。つまり、その3ホールが、この9ホール中の難所、「アーメンコーナー」ということになります。

今日のコースの1、2、3番ホールを見ると、HDCPはそれぞれ「4」「2」「14」で、HDCP4の1番ホールとHDCP2の2番ホールに○がついています（P63の図）。つまり、出だしの3ホールこそが「アーメンコーナー」だったということです。

難易度的に考えれば、HDCP2の2番ホールは、普通に回ってもダボを打つ確率がいちばん高いわけですから、このダボは想定内と言っていいはず。そう考えれば、「アーメンコーナー」で6オーバーという現状は、「まあ仕方がない、残りのホールをがんばろう」とサラッと流してもいいのではないでしょうか。

アマチュアの方は、スコアカード通りの「パー72」でゴルフを考えているせいで、ゴルフを難しくしているように思います。プロだって、バーディを計算できるホール、ボギーでも仕方がないホールと仕分けをし、そのなかで守ったり攻めたりするわけです。自分の平均スコア、目標スコアを考え、そのうえで各ホールをどのように攻略していくかを考えなければ、いいスコアは出ませんよ。

ラウンドレッスンの答え

３ホールごとのスコアを考えよう！

HOLE	1	2	3	4	5	6	7	8	9	OUT
HDCP	④	②	14	10	16	⑥	12	18	⑧	
Yard-age										
Par	4	3	4	4	5	4	5	3	4	36
Score										
Put+										

OUT コースの
アーメンコーナー

序盤３ホールのいけいけ君のスコア

HOLE	1	2	3	4	5	6	7	8	9	OUT
HDCP	④	②	14	10	16	⑥	12	18	⑧	
Yard-age	372	191	369	351	485	410	454	125	359	3116
Par	4	3	4	4	5	4	5	3	4	36
Score	7	5	5							
Put+	2	1	3							

右を向いてナイスショット

また「ナイスショットでOB」ですか?

愚痴りながらも3ホールを終えて、スイングが安定してきた様子のいけいけ君。スコアは伸びないものの、芯を食うショットはふえ始めました。そんな流れから、気持ちよくドライバーを振り切ったティショットは、右の林に一直線。白杭の間に吸い込まれました。

いけいけ君「あ！　ＯＢかよ！」

ブラック先生「ナイスショーッ！」

いけいけ君「ええ〜〜〜!?」

私が「ナイスショット」と言ったのは、冷やかしでもイヤがらせでもなく、いけいけ君のスイングが今日イチだったからです。芯を食ってほぼ真っすぐ飛び、かなりの飛距離が出ていました。ただ惜しむらくは、アドレスが右のＯＢゾーンを向いていたのです。

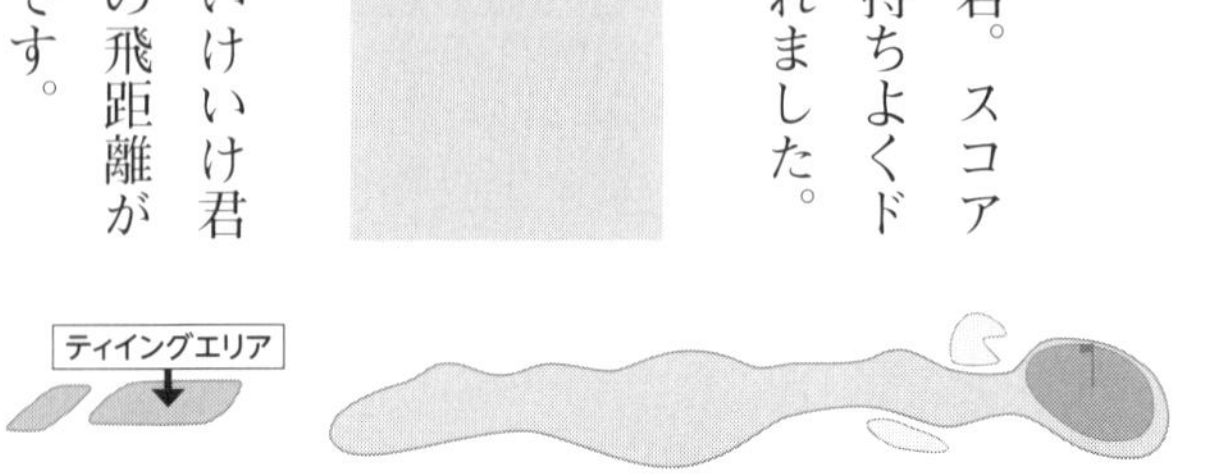

これはアマチュアの方に非常に多いケース。向いている方向なりにナイススイングし、林の中やＯＢに打ち込んでしまう。しかもそれをスイングミスと勘違いしてしまう人も多いですね。これをきっかけにスイングにあれこれ悩み出したら、もうその日は終わりです。

たとえば、右を向いたアドレスを直さずに球をつかまえようとフェースを返す動作を意識したりしたら、今度は強いフックが出ます。それで「おかしいな」とさらに右を向いたりしたら、症状は悪化する一方です。アドレスの向きが狂っていると、スイングの基準がなくなってしまうのです。

とくにアマチュアの方に多いのは、いけいけ君同様、右向きのアドレスです。**ラウンド中に左右のミスが出たら、スイングを疑う前にまずアドレスを疑ってください。**打ち終わったときに、持っているクラブを足元に置いてスタンスの方向を見直してください。スイングについて考えるのは、そのあとです。

ラウンドレッスンの答え

下手な人ほどアドレスを疑わない

距離だけで番手を決めない

「乗る気がしない」のにその番手で打つの？

好不調の波が激しいいいわけ君のドライバー。さっきはいい当たりをしたのに、このホールでは下っ面の薄い当たり。残念ながら200Yも飛びませんでした。

いいわけ君「残り170Yかあ。苦手な5番アイアンで打つしかないな」

ブラック先生「『しかない』ってどういうこと？　PWでもいいんだよ？」

いいわけ君「それじゃ届かないじゃないですか」

ブラック先生「え？　5番アイアンなら、届くとか乗ると思ってるの？」

アマチュアの方の多くは、グリーンまでの残り距離の数字を見ると、その距離専用の番手で打たなきゃならないというくらいのこだわりを見せます。もっと柔軟な番手選択をしなければ、スコアは出せません。

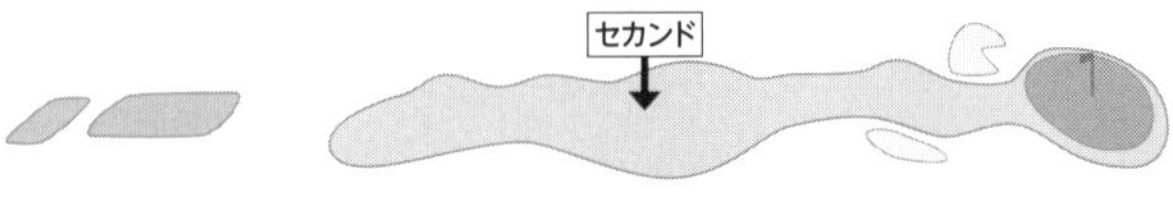

いいわけ君のように**「苦手」な番手で長い距離をムリやり打つ必要なんてないのです。**いいわけ君も、１７０Ｙから5番アイアンで「乗る気がしない」と言っています。言い換えれば、もう3オンでプレーするつもりでいるのに、苦手な番手でバンカーだらけのグリーン周りに打っていくのはリスクが高すぎます。

私が「ＰＷでいいじゃない」と言ったのは皮肉でもなんでもなく、いいわけ君の地点からならＰＷで１１０～１２０Ｙ打っておけば、フェアウェイが広くて平らなエリアにボールを運べるからです。ガードバンカーの手前までの距離なので、バンカーにつかまる心配もないし、ＰＷならチョロしたりする心配も少ないでしょう。そして3打目でいいライから40～50Ｙのアプローチが打てれば、7～8割はグリーンに乗せられます。

今回はミスしたあとの場面でしたが、これはティショットだろうとナイスショットの次の2打目だろうと同じです。**番手＝攻め方をもっと柔軟に考えましょう。**

ラウンドレッスンの答え

残り距離以外の判断基準を持て！

ティアップの場所

どうしてそこにティアップ？

５番ホールのパー５は、真っすぐでフェアウェイにバンカーもない一見ノーストレスのレイアウト。しかし実は右サイドの林の奥はＯＢゾーンで、ティショットを右に大きく曲げたくないシチュエーションです。

スライサーのいいわけ君は、案の定、右に曲げてＯＢ。

ブラック先生「いま、どうして右にティアップしたの？」

いいわけ君「だって、『フェアウェイを対角線に狙え』って言いますよね」

ブラック先生「その格言、いいわけ君にはまだ早いかな」

たしかに、フェアウェイを対角線状に使って、右がＯＢなら右にティアップして左を狙うという戦略もありますが、実はこれは結構難易度が高い狙い方なんです。

まず第一に、ホールレイアウトに対して斜めに狙いを定めることが難しい。とくに、普段練習場のマットなりに無造作に構えて練習している人にとっては、斜め方向のターゲットに正確に構えることはまずできません。

さらに、たとえば右にティアップして左サイドを狙うということは、ターゲットの先の林やラフなどに向かって構えるということ。その際、ティショットの距離を正しく把握し、ボールがどこに落ちてどこまで転がるかをイメージできないと、どのくらい横を向いていいか決められません。横を向きすぎて真っすぐ打ったら、突き抜けてしまいますからね。

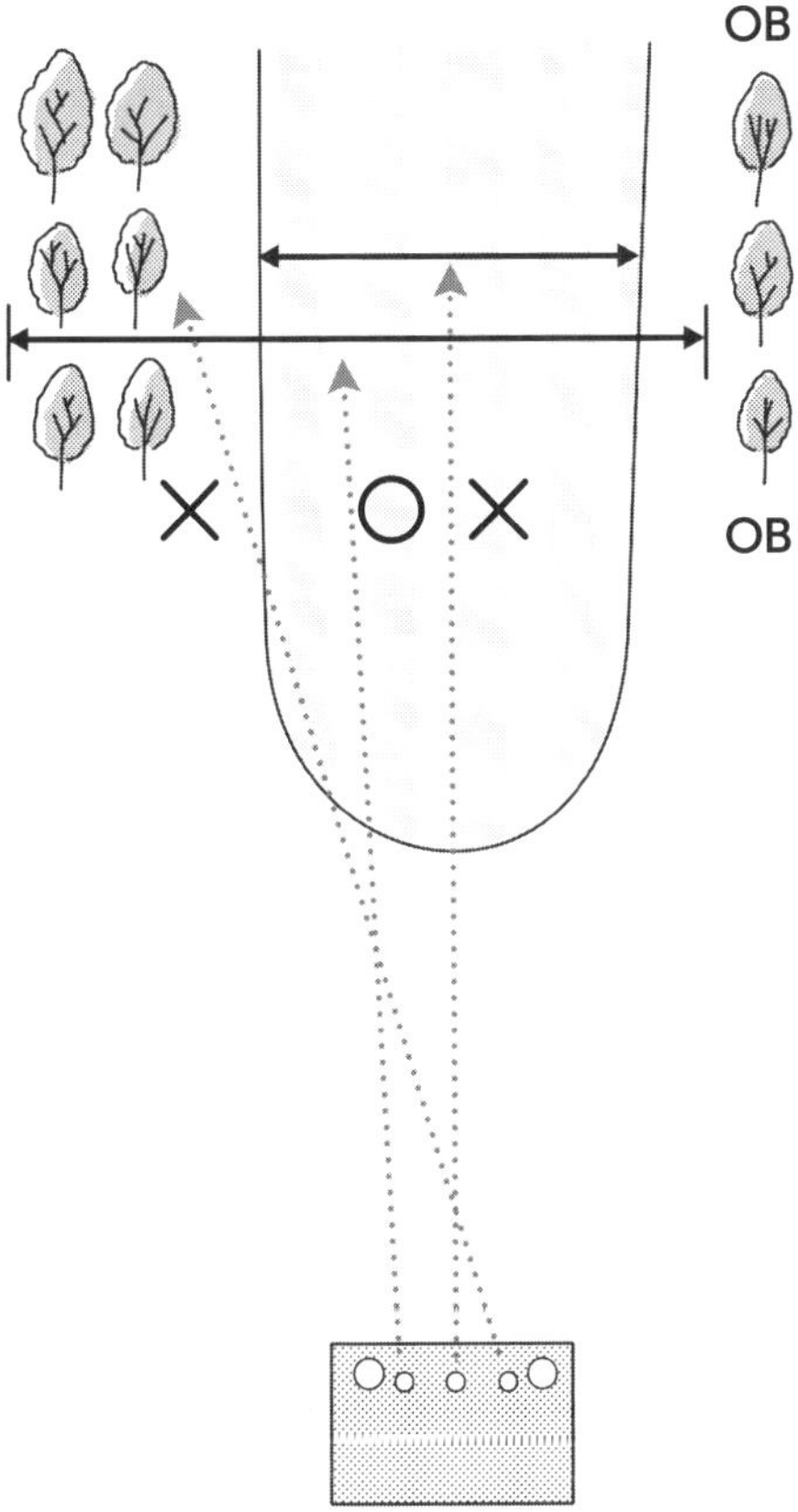

加えて、林やラフに向かって打ち出すのは怖いことなので、無意識に広いフェアウェイ方向に打ちたいという心理が働きます。スライサーのいいわけ君が左のラフを向いて構えてフェアウェイのある右方向に打ち出したら、プッシュスライスになる可能性大。普段よりも大きく曲がって、避けたはずの右のOBまで行くのも、当然の結果というわけです。

対角線で攻めるためには、ティショットの縦の距離感のイメージをしっかり持ち、狙った先に林や池があってもそこに向かって怖れずに振り切れる技術が必要なんです。もちろん、普段から斜め方向のターゲットを狙って打つ練習をしていることも条件です。

というわけで、**90〜100前後のスコアで回るアベレージゴルファーの方には、私は対角線の狙い方をお勧めしません。**右にOBがあるなら左サイドにティアップして真っすぐ狙う、左に池があるなら右サイドにティアップして真っすぐ狙う、そういう「横ズラし」の狙い方のほうがやさしく、確実です。

考え方としては、OBや池などのNGゾーンを外したコース幅を単純に2等分して、その真ん中を狙えばいいんです。このとき、コース幅をフェアウェイだけで考えるのではなく、ラフや林などまで含めたコース全体を見て考えることがポイントです。

大事なのは「ここもイヤ、あそこもイヤ」とばかり考えるのではなく、まずは**「絶対NG」のゾーンを決め、そのうえで「ここなら仕方がない」という許容範囲をもっと広げてあげること。**右にOBがあるなら、左のラフなら上出来、左の林でも仕方がないと考えるのです。自分の腕前や平均スコアを考えれば、「絶対にNG」のエリアはそう多くないはずです。極論すれば、100前後で回る人にとっては、右がOBで左が池なら、左の池まで許容範囲に入れてもいいくらいです。

左右OBなどでどうしても許容範囲を広くできない場合は、ドライバーを持たずにレイアップしましょう。番手を下げて距離を落とせば曲がり幅の限界値も小さくなるはずです。ドライバーなら左右25〜30Yずつ見ておきたい許容範囲を、FWやUTなら15〜20Yずつくらいにまで、アイアンを持てば10Yずつくらいにまで狭めて考えることができます。「番手を下げて刻む」という考え方は、こういうロジックなのです。

ラウンドレッスンの答え

OBがイヤなら林でいいんだよ

ウェッジでのトップ

トップはナイスショットじゃない！

同じ5番パー5を、いけいけ君はティショット、2打目と順調にクリアし、グリーンまで100Yをわずかに切った絶好の位置から3打目を打てる状況に達しました。

しかし52度のAWを手にしたいいわけ君が振り抜いたショットは、乾いた音とともに低めの弾道を描き、グリーンをキャリーで越えていきました。

いけいけ君「飛びすぎちゃった！　120Yくらい飛んじゃったかな？」

ブラック先生「おっと、いまのがミスショットだって、わかってるよね？」

今回は純然たるトップでしたが、スタートホールでの「ダフリトップ」と同様、いいわけ君は今回も自分のショットがフェースのどこに当たったかわかっていなかったようです。

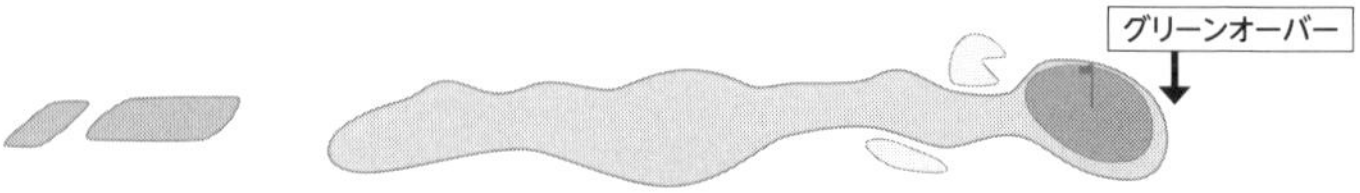

まして、想定よりも飛距離が出たものだから、ナイスショットと勘違いしているところは、より悪質です。もし私が指摘しなかったら、このショットで「自分のAWはナイスショットすれば120Y飛ぶ」と思い込んでしまうのではないでしょうか。

とくに注意してほしいのは、ウェッジなどのロフトの多いクラブで起こるトップ。ミドルアイアン以上でトップした場合は、球が上がらないためキャリーが稼げず飛距離が落ちますが、PW以下のウェッジでトップした場合は、ナイスショットよりも飛距離が出るケースが多いのです。

同様に9番アイアン前後のクラブの場合、ちょうどその中間の現象が起きて、結果的にナイスショットと同じくらいの距離が出ることもあります。

これらを**トータルの飛距離だけを見て「変な当たりだった気がしたけど、結構飛んでいたところを見ると、なんだ、ナイスショットだったのか」などと勝手に決めつけるのはとても危険です。**自分のショットの当たりは、慎重に判断してください。

ラウンドレッスンの答え

飛距離だけで結果を判断しないこと

「ミスが基準」だから いつまでも下手なんだ!!

ショットがダフり気味な人が、セミラフなどから珍しく芯に当たってオーバーのミスして、飛んだことに内心喜んだりするのは言語道断。すべての基準は、芯を食ったナイスショットでなければいけない。

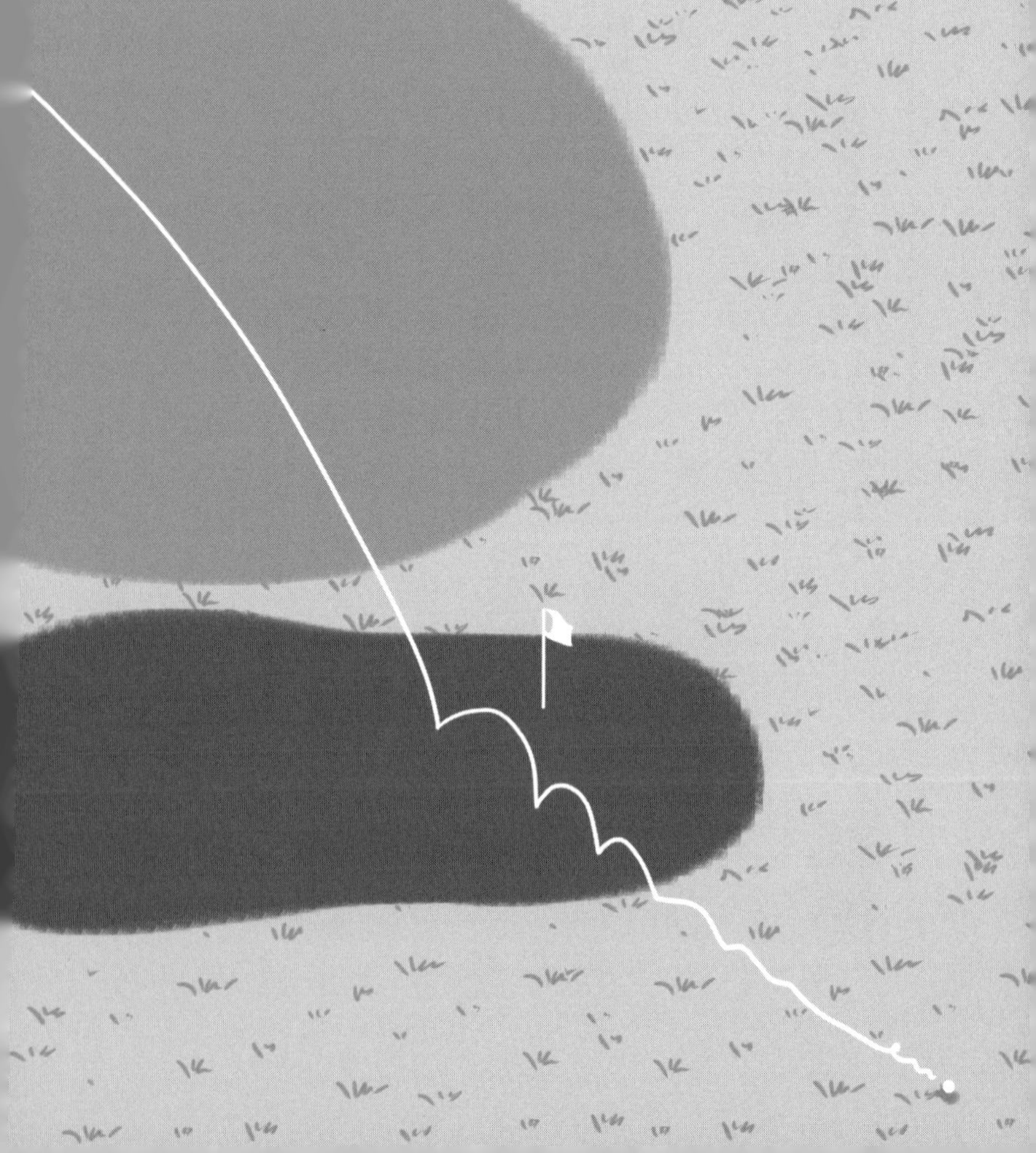

いつもダフっていたのが たまたま芯に当っただけだよ
え？ふだんは芯に当っていないってこと？
飛びすぎちゃったよー

Miss 90%

長いホールのティショット

10Yを欲張る愚か者

６番ホールは４１０Ｙの長いパー４。２オンは至難と言える難関ホールです。ティイングエリアに立つや、いけいけ君がひと言。

いけいけ君「長いな〜。ドライバーしっかり飛ばさないと!」
ブラック先生「もしかして、飛ばしたら有利になると思ってる?」
いけいけ君「えっ? 飛ばさなきゃ2オンできないじゃないですか」

いけいけ君は、長いホールこそティショットをしっかり飛ばして2オンの可能性を高めたいと考えているようですが、実はその考えが大叩きにつながっているのです。

まず冷静に考えてほしいのが、４００Ｙを超えるようなパー4は、18ホールの中でも難関に属するということ。スコアカードの「ＨＤＣＰ」の数字を見れば、おそらく上位のホ

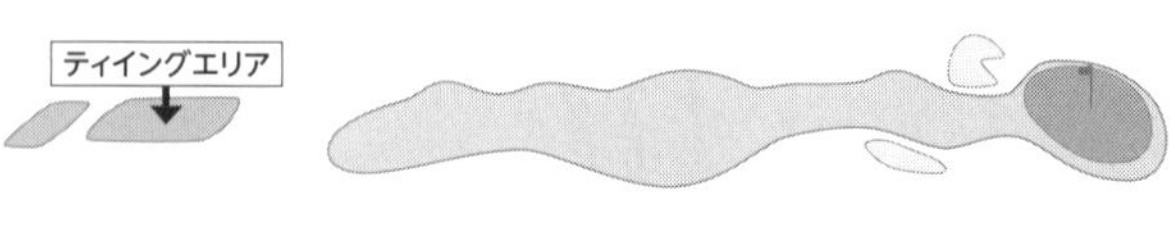

欲張ると いいことないよ
少しでも ピンに近づけ ちゃうよ

ールだと思いますが、このホールもHDCP6。前半の難関ホールのひとつです。そのホールでパーを狙う必要があるのでしょうか。

90切りを目指すいけいけ君のゴルフは、平均がボギーで、そこにダボとパー、そしてトリ以上が幾つあるかのせめぎ合いになります。となれば、難関ホールはボギーで御の字。ダボでも仕方がないホールですよね。そんなボギーさえ簡単に獲れない難関ホールでパー狙いをしたら、大叩きの可能性が高いのは当たり前です。

さらにそのことを前提として考えてほしいのですが、**「ティショットをがんばって飛ばす」という行為に、どんなメリットとデメリットがあるかということ。**いけいけ君のドライバーの飛距離は、ナイスショットして220～230Y。ここから「がんばって飛ばす」ことに成功したとして、普段より10Y飛距離が伸びることはあり得るでしょうか？

まあ仮に10Y飛距離が伸びたとしましょう。では普段どおりティショットが230Y飛んでピンまで180Y残った場合と、240Y飛んでピンまで170Y残った場合。そこから「3打」で上がれる可能性は、どのくらい違うでしょう？　前者が4UTで、後者が5番アイアンで打てるとして、10％もアップするでしょうか？　これは、単なるショットの成功率だけではなく、「ナイスショットしたのにディボット跡」とか「乗せたけど3パット」というようなケースまで総合的に考えてください。

一方で、普段よりも10Y余計に飛ばそうとするティショットの成功率は、どのくらい下がるでしょうか。さらに、ティショットに成功したとしても、長い2打目をムリしてOBやペナルティエリアに行き、ダボ以上のスコアになる可能性は、2打目でムリをせず確実に3オンを狙ってプレーした場合の、何倍にも膨れ上がるのです。実はこれは、なまじティショットでナイスショットしてしまった場合、「せっかくティショットがうまくいったんだから」という発想を招き、大ミスの可能性が高まるケースさえあります。

もちろん、長いパー4で2オンを狙うなということではありません。ティショットがナイスショットだった結果、2打目のライがよく、グリーン周りも安全なら、どんどん狙うべきですが、それはあくまで2打目地点に行ってからの選択肢です。ティショットの段階で背伸びをしてまで考えることではないということを、肝に銘じてください。

ラウンドレッスンの答え

「がんばって飛ばす」ことにメリットは一切ない

寄せワンの心得

2打で上がったら1億円！

2打目をなんとかグリーン周りまで運んだいけいけ君。次のアプローチはボールのライもよく、やさしい状況です。ここはパターという選択肢もあるのですが、手前のラフのせいで少し距離感が難しそうでもあり、ＳＷにするかパターにするか決めかねています。

ブラック先生「いけいけ君、そこから2打で上がったら1億円あげる！」

いけいけ君「ええ――っ？　1億円!?　本当ですか？」

ブラック先生「……って言ったら何で打つ？（笑）」

1億円は冗談ですが、このポイントは、「1打で上がれば」ではなく「2打で上がれば」、つまり「寄せワン」を狙うという点。アプローチで大事なのは、この「2打で上がれる確率をいかに高くするか」なのです。2打で上がるのを最高の結果と想定してプレーする場

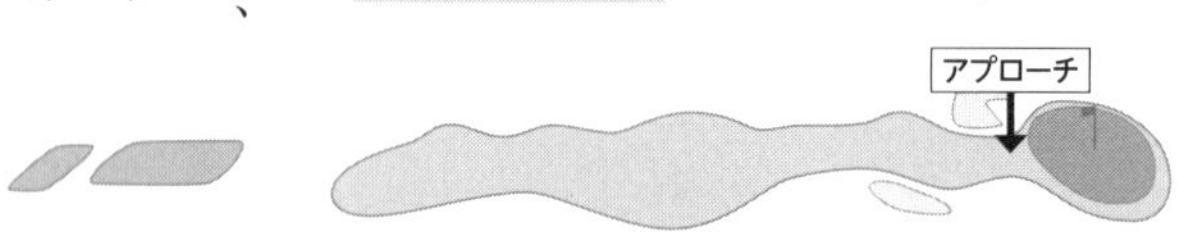

合、１打目でカップインさせる必要はありません。だからと言って、１打目をできるだけ寄せて２打目のカップイン率を最大限に高めるという考えも、少し違います。というのも、１打目をギリギリまで寄せようとするアプローチは、チップイン狙いと同

様に狙いがシビアになりすぎて大きなミスをする可能性が高まってしまいます。もし1打目で大きなミスをした場合、まだ2打目を残したまま、ほぼゲームオーバーになってしまうので、これは絶対に避けなければいけないのです。

今回のいけいけ君のアプローチはやさしい状況なので、1打目をミスしてもまだ2打目にチャンスが残りますが、もしバンカー越えだったり砲台グリーンだったりした場合には、1打目でミスしてグリーンに乗せられないと即アウト。

ではどう考えるかというと、**1打目の役割は、2打目でカップを狙える状況を「必ず残す」ための布石と考えることなのです。**ベタピンでなくても、2~3mにつけられれば、1億円の望みを十分に持って2打目で勝負をかけられます。ラインさえよければ、カップまで4~5mでも「入れれば1億円！」という気持ちで狙えるでしょう。

しかしこれがもう一度ウェッジを使わなければならない状況だったり、15m以上ものロングパットや長いスネークラインでは、もちろん可能性はゼロではありませんが、現実的には「狙える」2打目とは言えません。これは、何m以内ならOKということではありませんし、結果的には2打で入らなくてもいいのです。ですがカップインを期待できるチャンスを残して2打目を打てる状況を作ることが大事だということのたとえです。

再びいけいけ君のアプローチに戻りますが、ウェッジでうまく手前のカラーを越えられれば、ベタピンにつくかもしれません。しかし、いけいけ君の腕前では、狙いすぎて力んでザックリやトップの可能性も1～2割はあるのではないでしょうか。

その点パターなら、ダフリやトップのミスは考えずに済みます。距離感についても、カップにピッタリ打ちたいと思ったら、手前のラフに食われて止まってしまう可能性もありますが、カップを2～3ｍオーバーしていいと思って打てば、さすがにグリーンまでは届くでしょうし、パンチが入ったとしてもカップの3～4ｍ先くらいでは止まるでしょう。

そう考えれば、ここはムリにウェッジでベタピンに寄せに行く必要はない状況のはずです。

そうそうパーオンするわけではないアマチュアゴルファーにとって、寄せワンはスコアメークのカギです。その寄せワンの確率を上げることは、ベタピンの回数をふやすことではなく、「1億円チャンス」のパッティングの回数をふやすことが肝心なんです。

ラウンドレッスンの答え

1打目で寄せワンの可能性を消しちゃダメ！

第3章 ～中盤・昼食～

スコアメークには、徹底して逃げることも必要

1ラウンドで何発ものOBを連発する人、バンカーが苦手なのにいつも入れてしまう人、そんな人は「イヤだな」と思いつつも、そのOBやバンカーを徹底して避けることができていません。スコアメークには、「イヤだ」と思うゾーンに「絶対に」入れないような徹底した逃げが必要な場合もあるんです。

簡単に次のチャンスを捨てちゃうんだもんね
ウワー

刻んで曲げる

中途半端な刻みは意味なし！

7番ホールのパー5は、短いけれどもバンカーやクリークのあるトリッキーなホール。いいわけ君は、どうせ2オンはムリだし、ドライバーだと気になるバンカーがあったのでティショットで3番ウッドを使用しました。

しかし、安全策のつもりの3番ウッドでひどいミスヒット。大きく右に曲げてOBギリギリの林の中まで行ってしまいました。

いいわけ君「もったいない！　せっかく刻んだのに！」

ブラック先生「どうして刻みのショットで難しいクラブを使うの？」

多くのアマチュアゴルファーにとって、3番ウッドは14本のなかでいちばん難しいクラブの1つです。ドライバーと比べてヘッドがはるかに小さいのにシャフトはかなり長く、

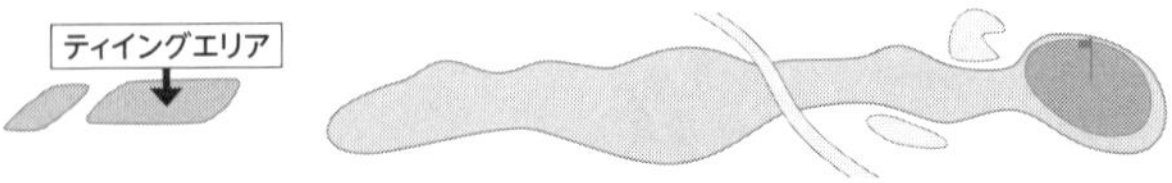

何よりロフトが立っているので、ほとんどの場合球が上がりにくく、つかまりもよくない。現実的には、芝の上からロフト15度の3番ウッドで十分なキャリーを出すには、ヘッドスピード42～43ｍ／ｓはほしいですし、球をつかまえる技術も必要です。ティアップして打ったとしても、決してやさしいクラブではないのです。

いいわけ君は、せっかく安全策をとったのに、安全でないクラブを使ってミスをしました。距離的に3番ウッドが必要な状況だったのならともかく、このホールは、クリーク手前まで2打で運ぶのであればアイアンでも十分なくらいです。

刻むショットはつなぎのショットです。つなぎでミスをしてしまっては、刻んで次打勝負という選択も台無しになってしまいます。狙いどころはもちろんですが、番手選択にも不必要なリスクを避け、できる限り安全・確実な方法を選ぶことが大事です。いいわけ君のように、無配慮に番手を選ぶのは厳禁ですよ。

ラウンドレッスンの答え

安全・確実を最優先が刻みのルール

積極的レイアップ

「仕方ないから」刻む優柔不断に、喝！

短いパー5だけれどもグリーンの手前にクリークがある7番ホール。いけいけ君のティショットは思いのほかいい当たりで、しかも下りの傾斜に乗ってどんどん転がり、トータルで250Yほどの距離を稼ぎました。しかし、いい当たりだったがゆえに、2打目が約200Yのクリーク越えという状況。しかもボールは左足下がりのライです。

いけいけ君は、釈然としない面持ちで6番アイアンを持ち、クリークの手前に刻むことにしました。このショットはうまく打ったのですが、ボールはクリークの手前ギリギリまで行って、少し左足下がりのラフに止まりました。

いけいけ君「おおーっと、危なかったあ！」
ブラック先生「ちょっと、いまどこを狙って打ったの？」
いけいけ君「クリークの手前まで打とうと……」

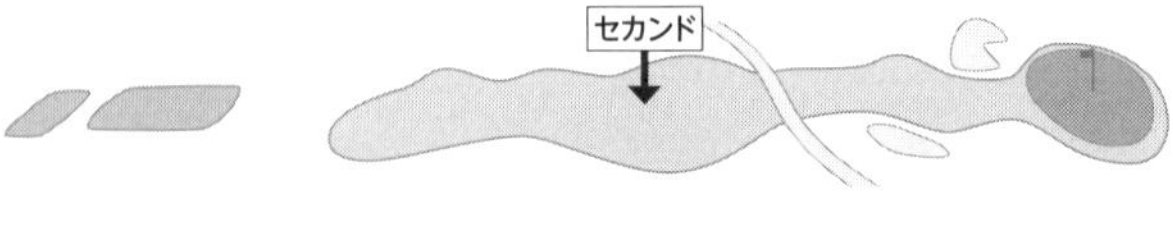

いけいけ君は、ティショットで想定外の飛距離が出て、意外にも「次でグリーンに届く可能性のあるところ」まで飛びました。とはいえ、クリーク越えの２００Ｙで左足下がりのライという難しい状況。さすがにここからは３番ウッドで狙おうとはせずにレイアップを選択しましたが、ここで６番アイアンを持つという中途半端な判断をし、結局クリークギリギリのラフまで飛ばしてしまいました。

彼としては、２オンを諦めてやむなく刻んだという心理から、刻む場合にもどこまでグリーンに近づけられるかという、半ば２打目の距離を抑えることを惜しむような気持ちが働いての選択だったのだろうと思います。きっと、「せっかくドライバーがあんなに飛んだのに」という悔しい気持ちで刻んだのでしょうね。

先ほどのいいわけ君の「刻んでのミス」もダメですが、レイアップという選択は、いけいけ君のような消極的で後ろ向きな気持ちでやってはダメ。もちろん、２オンが狙えないから仕方なく刻むのは事実ですが、そこから最善の結果を目指すためのベストチョイスがレイアップなんだということを自覚して、**「積極的に刻む」ことが大事なんです。**

いけいけ君が2オンを狙うには、3番ウッドのナイスショットが必要でしたが、それをあの左足下がりのライから狙っても成功率が低い。しかもミスすればクリークに落ちてペナルティです。それがイヤだから刻むという判断をしたわけですが、ここで大事なのは「本当は3番ウッドで2オンを狙いたいのだけれど、うまくいかなさそうだから仕方なく諦める」のではなく、「3番ウッドなんかで狙ったら大叩きになりそうだから、そんな狙い方はしたくない」のだと自覚することです。前者の発想ではレイアップが消極的で後ろ向きになってしまいますが、後者の発想なら「いちばんいい結果が出せるほかの狙い方をしよう」というポジティブな方向に向かいます。

そうすれば、2打目の番手選択や狙いどころは「3打目をいちばんやさしく打てるところはどこか」という基準になるはずです。それは、状況によっては「3打目をできるだけ短い距離で打てるところ」かもしれませんが、「平らなライ」や「得意の距離」などの、ほかの選択肢も浮上します。しかしいけいけ君は、レイアップするのに「できるだけ前に」としか考えなかった結果、難しいライにボールがいってしまいました。

これは刻む場合に限らず、バンカーを避けてピンではなくグリーンセンターを狙う場合や、林から脱出する場合などにも同じことが言えます。ピンに後ろ髪を引かれたままグリーンセンターを狙っても、無意識にピン方向に引っ張られて避けるつもりのバンカーに入れてしまったり、林から「出すだけ」に納得できずに打つと、飛ばしすぎて反対側のラフまで行ってしまったりするものです。

いずれの場合も、**これから打つショットが最善であると理解し、しっかりと割り切って積極的にプレーすることが重要なのです。**ここに迷いがあると、本来簡単なはずのショットでつまらないミスをして、ミスのスパイラルに陥ることになりますよ。

ラウンドレッスンの答え

レイアップは「最善の手段」と自覚して行うべし

ティアップの高さ

どうしてそんなに高くティアップ？

続く8番ホールのパー3は、レギュラーティから125Yの短いパー3。アマチュアにとっても十分グリーンオンが期待できるホールですし、あわよくばバーディという夢も頭をよぎります。実際、ゴルフ人生ではじめてのパーやバーディが短いパー3だったという方も多いのではないでしょうか。

しかし短いホールというのはグリーン周りが難しいというのが定番。乗る可能性も高いですが、外したときに大叩きするリスクも大きいホールなんです。このホールも打ち下ろしていくうえに左サイドに池があって、ノープレッシャーというわけにはいきません。

いけいけ君は、ＰＷを手にしてティアップし思い切りよく振り切りましたが、そのボールは大きく左に曲がって、入れてはいけない池に飛び込んでいきました。

いけいけ君　「くそーっ！　チャンスホールだったのに〜」

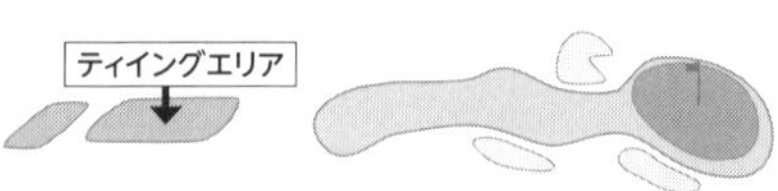

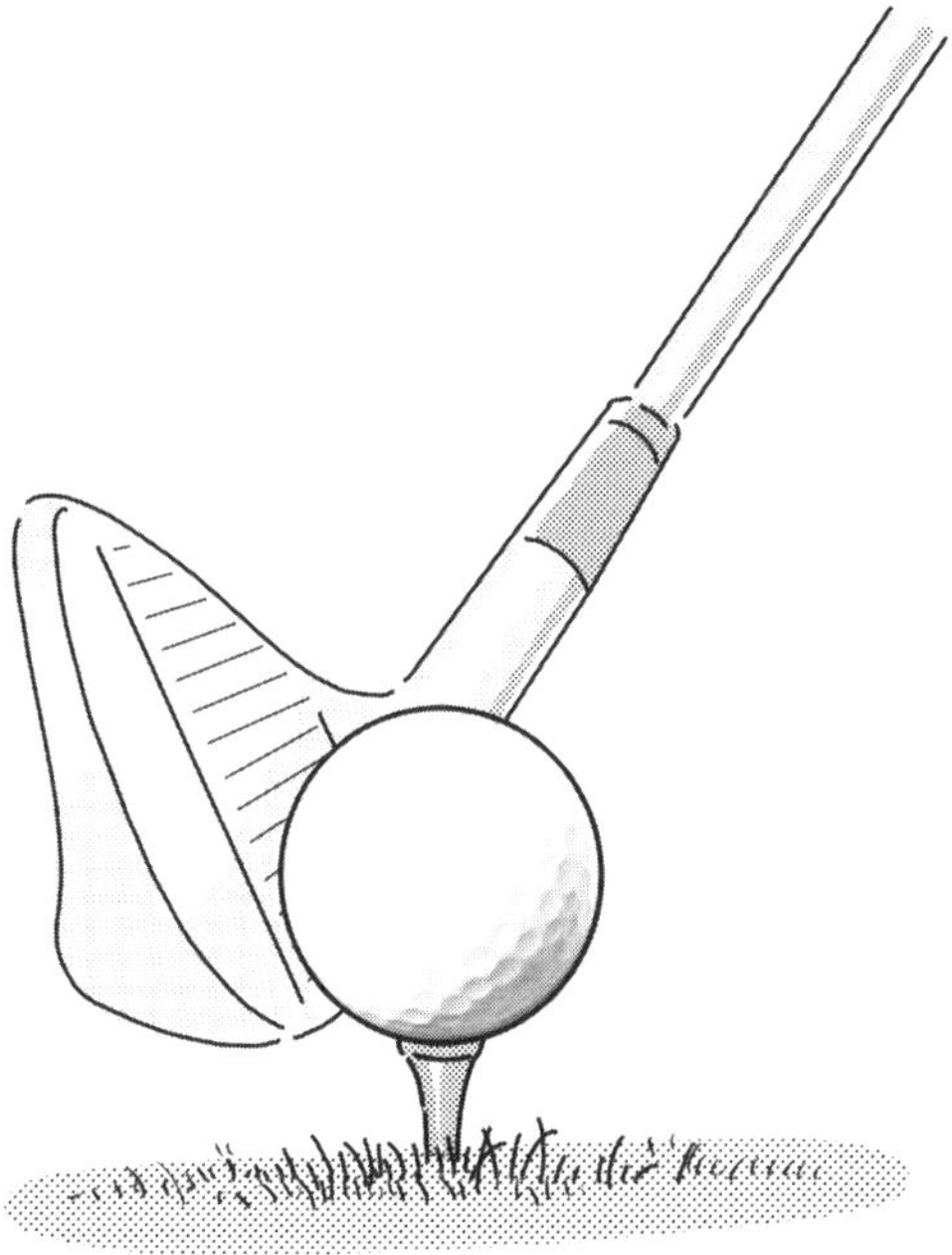

ブラック先生「いまのショット、ティアップ必要だった？」

いけいけ君は、パー3ということで無条件でティアップして打ちました。しかも、芝の上からティの頭が1㎝も出るくらい高いティアップで。これは、左の池のリスクを高めるだけの行為だったように私には思えます。

そもそもPW以下のウェッジというのは、ロフトが多いうえにライ角がアップライトで構造上、球が非常につかまりやすくできています。それを高くティアップして打ったら、スイングは自然とかち上げ気味になり、さらにフック要因が強まるというわけです。しかも打ち下ろしのロケーションでボールの滞空時間が長いので、球の曲がりも大きくなりがち。このホールのいけいけ君のティショットは、実は「池を狙っています！」と言わんばかりのシチュエーションだったのです。

ティの高さというのは、スイングへの影響が意外に大きいものです。高くティアップすればアッパー気味にボールを拾いやすいので球はつかまりやすく、低ければヘッドを上から入れたくなり、スライスしやすい。

そう考えると、**短いパー3で左がNGという状況では、あえてティアップせずに打つという判断もアリなのです。**たしかにティアップしたほうがダフリにくいのは事実ですが、ティショットはティイングエリアのいいライを選んでボールを置けるのですから、ティアップしなくても、それほどダフリを怖れる必要はないはずです。ティアップするにしても、ショートアイアンなら極力低めにしてください。ロフトの多いクラブで高くティアップすると、つかまりすぎるリスクが増すだけでなく、上っ面に当たって飛距離ロスするリスクも高まります。

ティアップの高さによって球のつかまりを微調整するテクニックを覚えておけば、左右のミスへの保険をかけるという意味で有効に使えるはずです。また、打ち込みたいときはティアップせずに打ったり、アッパー気味に高い球を打ちたいときはティアップを高めにするなど、ティアップから受ける心理的な影響をスイングに利用する方法もあります。

いずれにしても、ティの高さにも根拠は必要です。「ダフらなさそう」という先入観から、無条件に高くティアップするのは、もうやめましょう。

ラウンドレッスンの答え

考えのないティアップは「素人」丸出し！

ビトゥイーン

ピッタリの距離なんて打てっこない

８番ホールの１２５Ｙという距離は、いいわけ君にとっては９番アイアンとＰＷの２つの番手のちょうど中間で、悩ましい距離のようです。

いいわけ君「９番軽めか、ＰＷしっかりか……迷うなあ」
ブラック先生「まさか、１２５Ｙピッタリ打とうとしているの？」
いいわけ君「だって、そういう表示だから……」

番手間の距離、ビトゥイーン・ディスタンスのショットは、上の番手か下の番手か悩みがちですが、１Ｙ単位でピンを狙っていくトーナメントプレーヤーならともかく、アマチュアゴルファーが悩んでも意味はありません。どうせ打ち分けなんてできないのですから。
アマチュアの方は、距離を「点」で考えすぎる傾向があります。ピンまで１２５Ｙと書

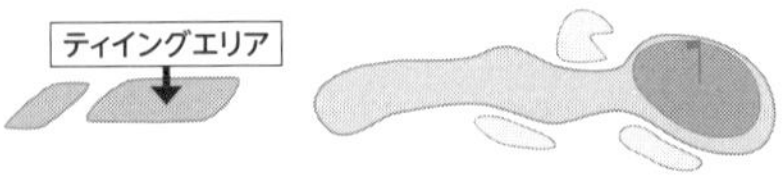

いてあれば、125Yピッタリ打とうとする。5Yの距離を調節するなんてかなり難易度が高い技術ですし、ゆるんだり力んだりといったミスの原因にもなります。

ビトゥイーンで悩まないためには、まず自分が打ちたい距離に前後の幅を持って考えるようにすることが大事です。

たとえばピンがグリーンの手前側、エッジから7Yに切ってあるとしたら、エッジまでは118Y。カラーでもOKと考えると、115Y以上打てばよく、グリーンの奥行が30Yだとすれば、145Y打ってもオーバーしません。この前後の幅に対して、安全に真ん中付近を狙うなら、ちょうど130Yですから9番アイアンでピッタリです。多少当たりが薄くてもピン手前のいいところですし、強く入ったとしても奥にこぼれる心配はありません。手前のバンカーだけは確実に越えたいと考えるなら、1番手上げて8番で140Y打っても大オーバーはない。こう考えれば、ゴルフはずいぶんやさしくなりますよ。

ラウンドレッスンの答え

狙いどころは「点」じゃダメ。幅を持たせて考える

林でもナイス

OB以外の結果なら「ナイス」でしょ

前半最後の9番ホールは、360Yほどしかないパー4ですが、フェアウェイは狭く右にOBがあって攻めにくいホールです。

いけいけ君のティショットは、右のOBをイヤがったせいか、左に真っすぐ飛び出して左の林の中に吸い込まれていきました。

いけいけ君「うわー、最悪。今度は左だよ～」

ブラック先生「何が最悪なの？　かなりベターだと思うけど」

前述のように、このホールは右にOBがあって左が林です。スライサーのいけいけ君にとって、右のOBはいちばんの危険地帯で、余計なペナルティを払わないためにも、右だけは避けたいホールのはず。そこをきちんと避けた結果左の林に行ったのなら、やるべき

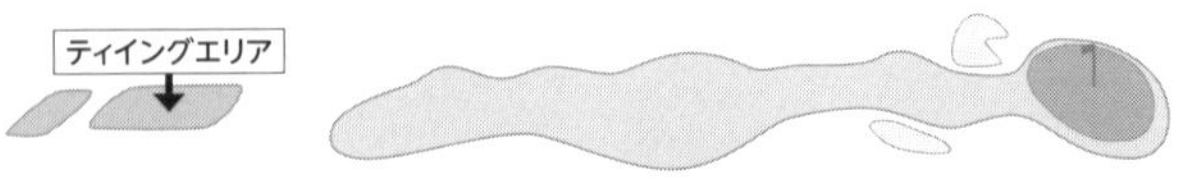

ことをきちんと実行できていたということ。悲観的になる必要はありません。
にもかかわらずいけいけ君が左の林を容認できないのは、打つ前に状況判断と決断をきちんと行えていないからです。「右のＯＢに打つくらいなら左の林でＯＫ」、と打つ前に決断できていれば、このショットの結果は及第点だと割り切れたはずです。

ショットの精度が安定しないアマチュアほど、「ここもイヤ、あそこもイヤ」と欲張りすぎる傾向にあります。プロや上級者ほど、結果に対して許容範囲を広く設定していて、多少のミスも甘んじて受け入れていますよ。

避けるべきエリアの優先順位は、まず何よりもＯＢであり、次に池などのペナルティエリアです。林やノリ面などは、避けられるなら避けるべきですが、ＯＢや池よりも優先して避けなければならないことはあり得ませんので、考え方は至ってシンプルなはず。それを忘れないようにしてください。

ラウンドレッスンの答え

ＯＢを避けるならそれ以外の結果は甘んじて受けよう

徹底的に避ける

それは「避けている」うちに入らないよ

短いパー４というのは、距離がないぶんペナルティエリアが多く設定されていたり、バンカーの配置がイヤらしかったりするものです。この９番ホールも、グリーン周りにいくつものバンカーがあり、バンカーが苦手ないいわけ君にとっては鬼門です。

ティショットの当たりがイマイチだったいいわけ君は、２打目が１６０Ｙ近く残ってしまい、しかもバンカー越え。思い切って６番アイアンで打ちましたが、やはり少し当たりが悪く、ボールは手前のバンカーに吸い込まれました。結局、脱出に３打かかってトリ。

いいわけ君「あ～あ、バンカー嫌いなんですよ～」

ブラック先生「そんなに嫌いなら、池だと思って打ちなさいよ」

いいわけ君は、バンカーが苦手で嫌いと言いながら、私から見れば到底「避けている」

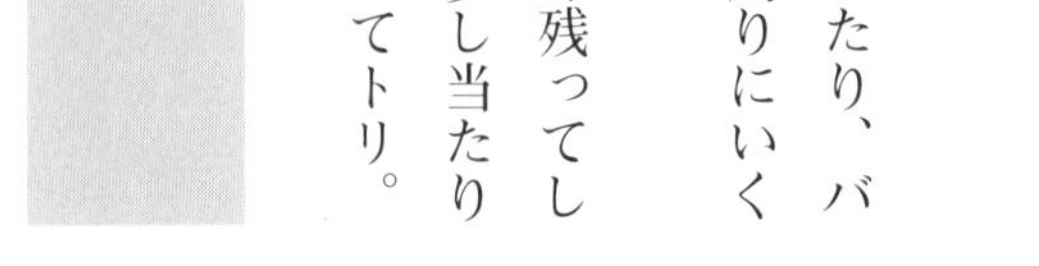

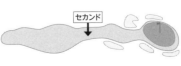

とは思えない狙い方で、当たり前のようにバンカーに入れ、大叩きをしています。
これがバンカーではなく池やＯＢだったら、もっと徹底的に避けるはず。１６０Ｙの池越えなら、いいわけ君も手前に刻もうとしていたのではないでしょうか。

前後左右にミスの幅が大きいアマチュアほど、なぜかギリギリを狙ってはバンカーに落とすケースが目立ちます。本当にバンカーがイヤなら、２オンを諦めて刻んだって十分ボギーは計算できますし、仮に奥に危険がないなら、思い切って１～２番手上げてオーバー覚悟で打ったっていいのです。

スコアをまとめたいなら、苦手は徹底的に避ける。その「徹底的」というのは、中途半端ではダメで文字通り「徹底的」であることが重要です。バンカーからの脱出に３打かかる可能性を考えたら、１回刻んで乗せられるなら上出来じゃないですか。優先順位の１位を「グリーンオン」ではなく「バンカー回避」に切り替える思考が大事ですよ。

ラウンドレッスンの答え

避けるなら徹底的に。「１００％入れない」狙い方をする

Miss 50%

お昼休み

昼にビールなんて、100年早い！

前半の9ホールが終わって、ハーフターンの食事休憩になりました。

プレーのリズムや流れを考えれば、ハーフで長い休憩は取らずにスルーで回るほうがいいのですが、日本のゴルフ場は、ハーフで昼食を取るシステムがほとんど。せっかくなので、この時間を前半の反省と後半への課題探しに活用しましょう。

いけいけ君「生ビール中ジョッキで！」
いいわけ君「僕も！」
ブラック先生「……2人とも、今日は何しに来てるの？」

反省会をしようと言っているそばからこれです。ゴルフをレジャーととらえて、仲間と楽しくラウンドするのが目的の人は、お昼休みにビールを飲んで楽しくやるのもいいでし

ょう。ですが今日の2人は、ラウンドレッスンです。練習中にビールを飲むスポーツなんて、ありますか？

アルコールは判断を鈍らせますし、体の動きにも悪影響を及ぼします。もし今日のラウンドレッスンを実のある練習にしたいと考えるのであれば、お昼のビールはガマンしてほしいですね。

お昼休憩の際には、午前中のスコアカードを見直しながら、後半の計画を練りましょう。

前半のスコアはどうだったか。その原因はどこにあるか。やろうとしたことはできたか。それらをチェックして、後半も同じ課題でプレーするのか、それとも別の課題に取り組むのか。理想を言えば、前半に設定したスイングの課題を継続しつつ、それを前提としたマネジメントの課題を設定するなどして、後半は前半よりも1段階レベルアップしたゴルフを目指せるようにしたいですね。

ラウンドレッスンの答え

ビールを飲んでスコアが出るほどゴルフは甘くない！

午後イチの油断は午前の努力をムダにする

Miss 95%

午後もティオフの5分前にはティイングエリアにきて、素振りなどをして筋肉の温度を上げることくらいは必要。欲をいえば、パッティンググリーンでボールを転がして、午前中のタッチを再確認すること。

ボク午後イチのティショットは苦手なんです
そりゃそうでしょレストランの席立ってから3分じゃムリでしょ

ミスしたら3打目勝負

そのホールの「勝負どころ」はそこじゃないでしょ！

10番ホールはせっかくの短いパー4でしたが、いいわけ君のティショットは左に引っかけて木に当たり、ホール内に戻っては来たものの、１００Ｙそこそこしか進みませんでした。ボールは左サイドのラフで少し左足上がり。グリーンまではまだ２４０～２５０Ｙは残っています。

ラフということもあり、いいわけ君はさすがにＦＷは持ちませんでしたが、ＵＴを手にしてボール地点へ向かいました。しかしフルスイングしたショットはプッシュアウトして右の林に飛び込んでしまいました。ガックリと肩を落とすいいわけ君。

ブラック先生「事件だね！　いま、どうして2打目で勝負したの？」

いいわけ君「そういうわけではないんですが、ＵＴなら打てるかなと」

ブラック先生「欲張ったせいで、3打目勝負の可能性を消しちゃったね」

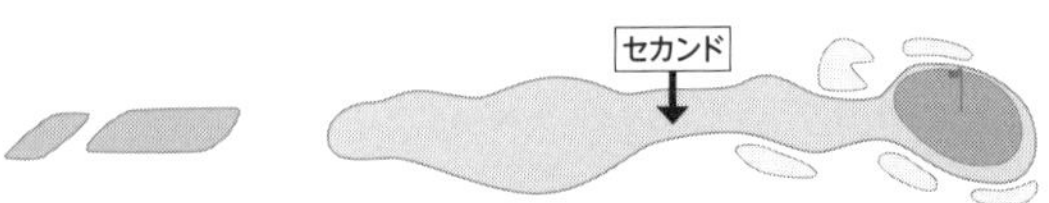

いいわけ君の2打目は、運よく打てるライにありましたが、残り距離を考えても2オンは不可能ですし、スーパープレーが出ない限りそこから3打のパーは期待できません。しかし一方で、**パーは難しいかもしれませんが、ボギーはまだまだ十分可能な状態だったはずですし、見方を変えれば、スーパープレーが1つ出ればパーの可能性も残っていた**と言うこともできます。

そもそも論で言えば、いいわけ君の平均スコアを考えても目標スコアを考えても、必ずしもパーは必要なく、ボギーを基準にスコアメークすればいいのですから、この程度のティショットのミスは致命傷ではありません。もちろん、90ではなく89を目指すためにはボギーペースを上回るためのパーもどこかで必要ですが、このホールはティショットでミスをしていますから、その瞬間にパーを狙うホールではなくなりました。

したがって、ティショットをミスした後のマネジメントで考えるべきは、「どうやって5打目のボギーパットにカップインの可能性を残すか」なのです。

いいわけ君は2打目でいいショットをすることで今後の展開をラクにしたいと考えたの

だと思いますが、そこでミスした瞬間に、3打目でピンを狙える可能性も、5打目をグリーン上の「カップインが期待できるところ」から打てる可能性もほぼ消してしまいました。

机上でシミュレーションするならば、2打目を7番か8番くらいのアイアンで、ストレスフリーでうまく打っておけば、3打目は100Yくらいの距離でグリーンを狙えます。さらに言えば、2打目を力まず気持ちよくスイングして1打目の大ミスの悪印象を消しておけば、3打目もいいイメージでスイングしやすく、成功率も上がるのです。

しかしUTでがんばって180Y飛ばせたとしても、次も70～80Yは残ります。2打目を7番で打った場合と比べて、3オンの確率はどのくらい上がるでしょうか？　その上積みは、2打目でリスクを負うほどの価値があったでしょうか？

2打目をムリせずフェアウェイに運んでおけば、長めの距離が残ったり若干の傾斜があったとしても、3打目ではグリーン周辺まで運ぶチャンスが残せます。そうすれば、そこからうまく乗ってくれれば2パットでボギーですし、乗らなくても次のアプローチでなんとか乗せて、5打目のボギーパットを打つまで勝負を保留できるのです。

このときもし3打目のライがよければ、1パット圏内につけてパーで上がれる可能性も再浮上します。しかしUTで飛ばそうとした結果、3打目でグリーンを狙えるチャンスを失ってしまったら、2打目を打ち終わった段階でボギーチャンスも失いゲームオーバーになってしまうのです。

大事なのは、次のショットにチャンスを残すこと。「3打目勝負」というのは、3打目でギリギリを狙うとか、ギャンブルに出るという意味ではありません。3打目に、ローリスクでグリーンを狙える状況をお膳立てすることを指しているのです。2打目も曲げて林に入れてしまったいいわけ君が、林の中からムリをしてグリーンを狙う3打目は、「3打目勝負」ではありません。

これはミスしたときだけの話ではありませんし、「2打目勝負」「4打目勝負」など、別のシチュエーションでも本質は同じ。いちばんローリスクで勝負できる場面はどこなのかを見極め、そのショットが打てるように準備する、勝負ができなくならないようにつなぐということに本質があるんです。

ラウンドレッスンの答え

ミスしたすぐあとに「勝負」するのは愚の骨頂

見せバンカーと効くバンカー

「見せバンカー」の罠にハマるな

11番ホールパー5は、10個のバンカーがあるという名物ホール。ティイングエリアから見ると、フェアウェイの左右にクロスバンカーがあるし、グリーン周りにもバンカーが多数散らばっています。

ティアップしてフェアウェイを眺めたいいわけ君は、狙いどころに迷っているようでしたが、意を決して打ったショットは、左のバンカーへ。

しかしボール地点に行ってみると、左のバンカーと並んでいるように見えた右のバンカーは実はずいぶん手前にあり、200Y弱のキャリーで越えられるところにありました。

いいわけ君「あー、狭く見えたのに、右なら安全だったんだ」

ブラック先生「ははは、まんまと罠にハマったね（笑）」

いいわけ君「どうして教えてくれなかったんですか～」

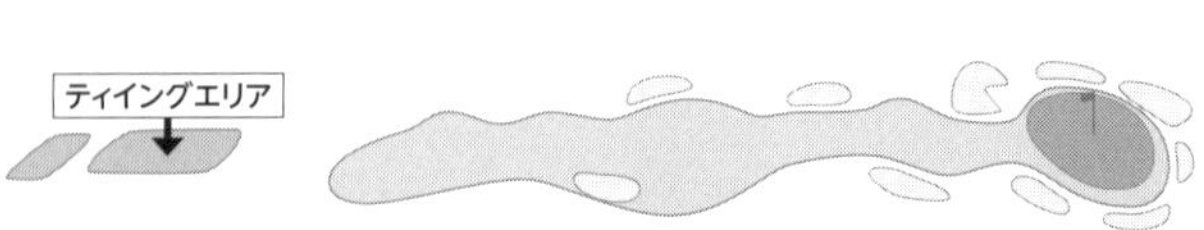

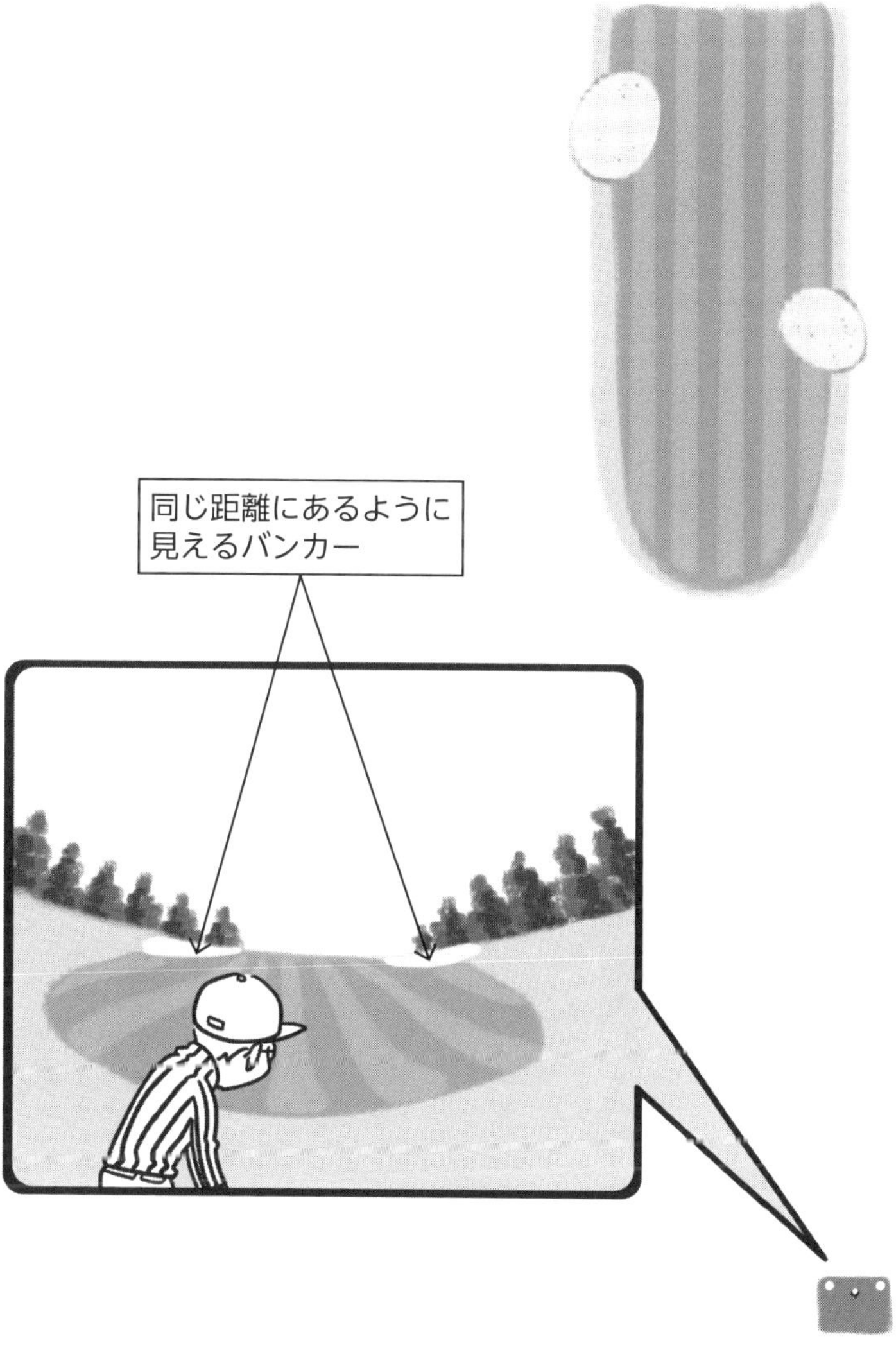
同じ距離にあるように
見えるバンカー

いいわけ君はホールレイアウトをちゃんと確認していなかったのか、ティイングエリアから2つのバンカーが並んで見え、フェアウェイが狭く感じる視覚的な圧迫感に惑わされていたようですが、このホールのクロスバンカーのレイアウトは、左側は220〜250Yのいかにも入りそうな位置にあったのに、右側のバンカーは200Y弱くらいのキャリーで越える配置だったのです。

この右側のバンカーは、視覚的な圧迫感を与えるのが主な目的のいわゆる「見せバンカー」。ティショットが薄いスライスだったり、ドライバー以外のクラブを持とうとすると入るケースもありますが、どちらかというと左の「効くバンカー」の引き立て役です。

ゴルフコースのレイアウトというのは、多くの場合、フェアウェイの両サイドにクロスバンカーが並んでいるようなことは少なく、前後にズラして配置しているケースがほとんど。落としどころを極端に狭くして逃げ道を作らないのは「フェアではない」と考えられているので、よほど短いホール以外ではあまり見かけません。

ですから、自分の飛距離や持つ番手などによって、右サイドか左サイドどちらかに打っていければ片方は回避できるようになっている場合が多いですし、それを考慮することで、グリーンまでのルートやコースの仕掛けた罠が見えてくるのです。

ただしこういう場合、手前側にあるバンカーの奥の縁がせり上がっていて、ティイングエリアからは２つ並んで見えたり、むしろ「見せバンカー」のほうから圧迫感を受けるように設計されているなど、ちょっとした仕掛けがあるケースも多いので、打つ前にきちんとホールレイアウト等を確認して、その**視覚的な罠に引っかからないようにすることも大事なのです。**

このホールも、右側のバンカーの上を勇気を持って狙っていけば、いいわけ君でもキャリーで越えてベストポジションにつけられたはずですが、スライサーの心理が右のバンカーをイヤがって左に打ってしまった結果、まんまと罠にハマったというわけです。

ラウンドレッスンの答え

バンカー位置のチェック漏れは初歩レベルのミス

ムチャクチャな素振り

それは〃無謀な素振り〃だよ

3オンはならなかったものの、3打目で残り30Y程度のところまで運んだいけいけ君。ピンを見ながらSWで素振りを繰り返していますが、見るからに力んでいます。

ブラック先生「そんな人を殴るような素振りじゃ『事件』を起こすよ！」
いけいけ君「そ、そんなつもりはないですよ！」

いけいけ君の素振りを見ていると、振り幅は抑えているのでしょうが、わずか30Yの距離なのにヘッドをビュンビュン振っていて、あれでトップしたらグリーンの反対側にいる人や隣のホールの人にぶつけてケガをさせるんじゃないかと思うくらいの力感です。あれではカツンとやって大叩きの「事件」を起こすのが目に見えています。

アプローチは、スピンをかけて止めるような場合を除けば、ピンに向けてボールを放る

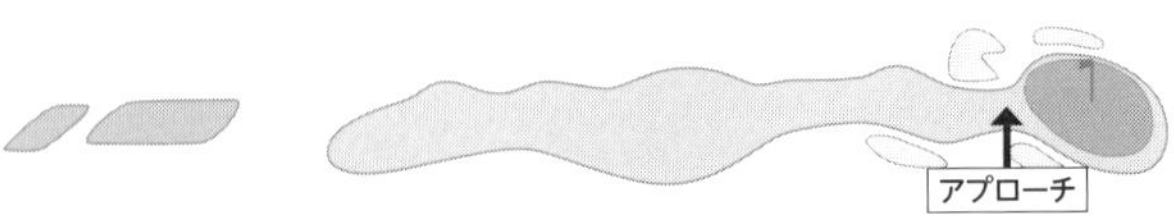

ように、やさしい弾道が必要です。あのいけいけ君の素振りを見ていると、そういった弾道はまったくイメージできません。いわば、**素振りに「根拠」がなく、次に打つショットとの関連性がないのです。**

これはアプローチだけでなくショットにも言えることです。素振りで地面にヘッドをシュッとキレイにコスることばかり気にしている人は、どんなスイングをするか、どんな球を打ちたいかのビジョンが素振りに反映されていないのです。そもそも、素振りで地面をうまくコスれたからって、実際に球を打つときに同じことができるのであれば、ダフったりトップする人はいません。

素振りは、ショットの予行演習ではなく、イメージ作りです。「こういう球を打つために、こんな感じで振りたいな」と、飛んでいくボールを想像しながら雰囲気を出して行うようにしましょう。

ラウンドレッスンの答え

イメージのない素振りはやるだけムダ

下りを怖がりすぎない

タッチがないのに下りを怖がる意味がない！

ティショットをバンカーに入れたいいわけ君は、パーオンはならなかったものの、なんとか4オンに成功しました。しかしグリーンに乗った位置がカップよりも7〜8m奥で、5打目のパーパットは下り傾斜のパッティングとなりました。

傾斜が強めだったせいか、構えたときから明らかにビビっていたいいわけ君は、おそるおそる、なでるようなパッティングで無残にも2mもショート。さらに2パットめも50cmほど届かず、もったいない3パットでダボにしてしまいました。

ブラック先生「どうしてそんなに下りを怖がるの？」

いいわけ君「だって、強く入ったらどこまでも行っちゃいそうで……」

平らなラインでもちゃんとしたタッチの基準がないいいわけ君が、下りのラインに過剰

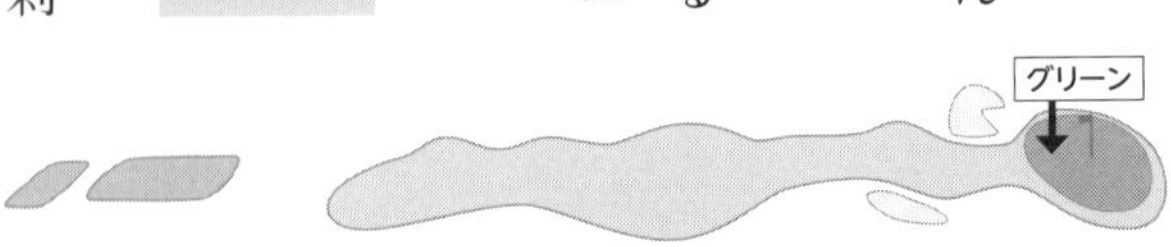

反応するのはムダです。そもそも下りが怖いのなら、今回のようにショートして次も下りのパットが残るほうがよほどイヤだと思うのですが。

実際、タッチの基準がない人に限って、下りのパットを必要以上にビビります。タッチの基準さえしっかり持っていれば、たとえば下りの5mなら、平地で4m打つときのタッチでしっかり打てばいいだけのことなのです。それを「強く打っちゃダメ」とか「弱く打とう」というように考えるのはミスを招くだけで、いいことはひとつもありません。

また1パットが望めない距離なら、次のパットのことを考えて打つことも大事です。仮に2mオーバーしても、一度通ったラインの返しなので曲がりの想像がしやすいですし、何より上りのラインで打てるのですから、1mの下りを残すより確率は高いですよね。

下りが苦手、怖いという人は、まずは平地でちゃんとしたタッチの基準を作ること。そして怖がりすぎずにオーバーさせるつもりで打つことが大事ですよ。

ラウンドレッスンの答え

下りのラインはショートよりオーバーのほうがマシ

1日中不調続きとならない方法がある

誰しも日によって好不調の波はありますが、その不調の程度というのは、大きく分けて3段階あると私は考えています。

①いちばん軽いのが、疲れているとか風邪気味だとかで体調的にコンディションがよくない日。スイングに違和感があり、なんだか当たりが薄いとか、いつもより曲がるとか、飛ばないとかいう日。

②それより少し重いのが、逆球や普段出ない曲がりが出るなど、予期せぬ方向性のミスが出る日。当たらないわけではないけど、方向の管理ができないのでマネジメントが成立しなくなり、スコアが出ません。

③いちばんキツいのが、大ダフリやチョロさえ出るような、どうにも当たらなくて、「自分が何をやっているかわからない」ような日。

不調は仕方ないですが、一日中不調のままではゴルフが楽しくないので、ラウンドしながらなんとか調子を上向きにする方法をお教えしましょう。

まず①の軽い不調には、素振りが有効です。とくに大事なのがフィニッシュ。バランスよく最後まで振り切れるフィニッシュを作る素振りを繰り返しましょう。このケースは、だいたいは上下のバランスやタイミングなどの問題ですので、球を打たずに素振りをして、スイングのバランスを整えていくことで解消されます。

②のケースで大事なのは、とにかく方向の傾向を早くつかむこと。普段より右に行くのか、左に行くのか。球が左右に散らかっているように見えても、打ち出し方向は意外に同じだったりするケースもあります。傾向が見えてきたら、スイングを一気によくしようとはせず、不調を受け入れ、その傾向を考慮して曲がり幅などに大きめのマージンを取ってプレーしながら改善に取り組みましょう。

最後の③の場合は、もうリハビリに徹するしかありません。まずフルスイングをやめて、「当たる」ところまで思い切って番手を下げ、それが当たったら、少しずつ使う番手を上げていきましょう。

いずれの場合も、大事なのはスコアにこだわること。③の場合でも自棄にならず、なんとかボギーやダボでしのいで、上向きになるのを待つことが大事ですよ。

第4章 ～中盤２～

フェアウェイやグリーンに球があることの価値は大きい

飛ばなくてもフェアウェイにあること、端っこでもグリーンに乗っていることの価値は、想像以上に大きいもの。飛ばすことやピンを狙うことばかりに執着しこの価値を見失っていては、スコアをまとめることはできません。プレーのプライオリティをシフトするだけで、必ずスコアはよくなります。

よっしゃーセーフ!
1発目OBなのに何やってんの!

ショットの流れ

フェアウェイヒットは飛距離より価値がある

12番ホールのティショット。いけいけ君の球は、飛距離は出ているものの、右に曲がったうえにキックに恵まれず、斜面を転がり落ちて極端なつま先下がりに止まりました。

一方のいいわけ君のティショットは、フェースの下っ面。真っすぐ飛んでボールはフェアウェイに残ったものの実際の飛距離は150〜160Yほど。

いいわけ君「とほほ、全然飛んでないや」

ブラック先生「いやいや、フェアウェイじゃない。いけいけ君よりずっといいよ」

いいわけ君は飛んでいないことに不満だったようですが、「ショットの流れ」を考えれば、いいわけ君のティショットは、いけいけ君よりいい結果だったと私は考えます。

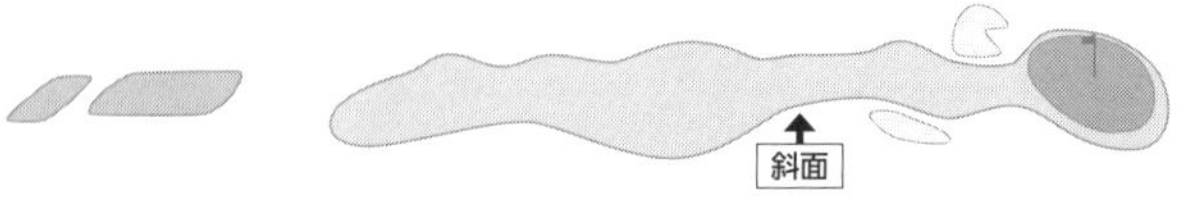

というのは、いけいけ君の2打目は、極端なつま先下がりのライ。ほぼ出すだけのトラブルショットになり、うまく出せたとしても、そのショットは通常のスイングとは別物。下半身を固めて手打ちで当てるだけのスイングです。その点、いいわけ君の2打目は、長い距離が残ったので2オンは難しいですが、フェアウェイのいいライから気持ちよくスイングできます。

3打目のショットを考えたときに、2打目に特殊なショットを挟んだいけいけ君と、2打目をリズムのいいスイングで振り切ったいいわけ君、どちらのほうがいい流れでスイングできるでしょうか。

だから私は、**ティショットはたとえ飛ばなくても、フェアウェイにいることがとても大事だと考えているんです。**「トラブルショット」を挟まず、心に波風が立たない同じリズムのスイングを続けることによって、必ずプレーのリズムもよくなっていきます。もっとフェアウェイキープの重要さを理解してプレーしましょう。

ラウンドレッスンの答え

飛んだラフより飛ばないフェアウェイ！

バンカーを越えたい

「越えたい」と「寄せたい」は両立しない！

ティショットをミスしたいいわけ君は、２打目に長い距離が残っているうえグリーンを狙おうとするとバンカー越えになってしまうので、勇気を持ってバンカー手前にレイアップすることを選択。思惑通り刻みに成功して、３打目はバンカー越えの40Ｙほどのアプローチとなりました。

いいわけ君「よーし、バンカーだけはキッチリ越えるぞ」

ブラック先生「じゃあどうしてSWを持っているの？　バンカーを越えるだけなら、高い球は要らないよね」

みなさん、バンカー越えのアプローチはＳＷで高い球を打つのがセオリーだと思っているようですが、それは大きな間違いです。なぜなら、バンカーは深さはあっても高さはあ

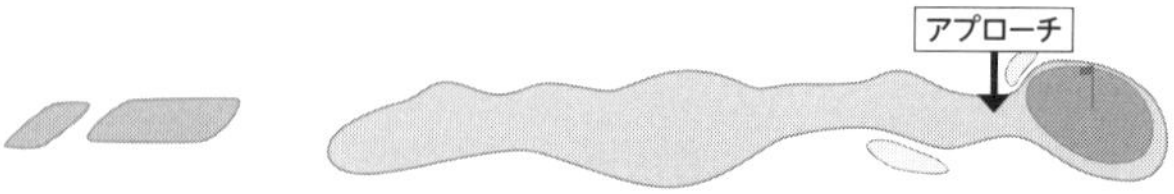

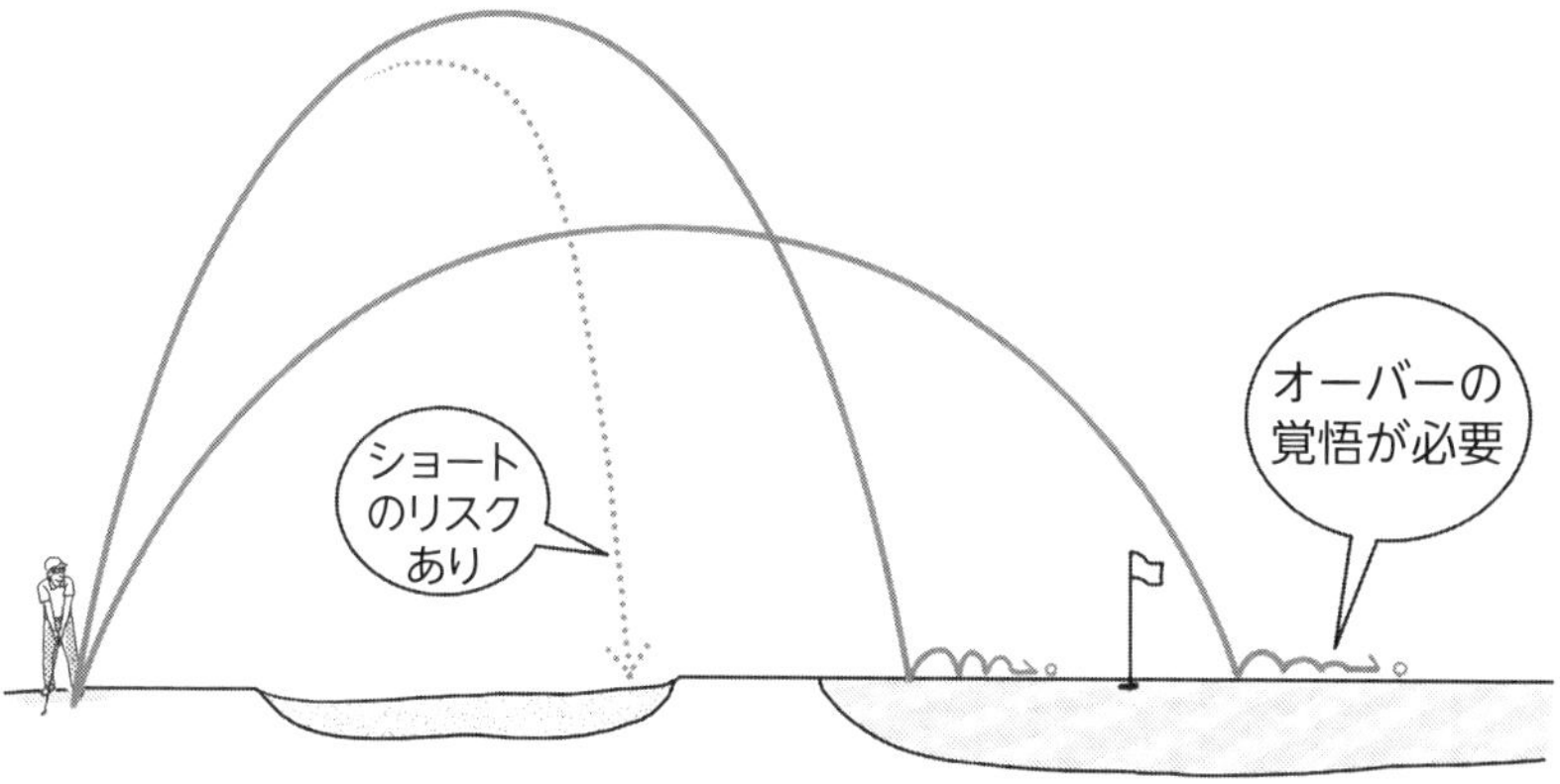
ショート
のリスク
あり
オーバーの
覚悟が必要

りません。ですから、木を越えるのとは違って球の高さは必要ないんです。むしろ、ロフトの多いＳＷは飛距離が出ませんから、同じ距離を打つのに大きなスイングが必要になり、その恐怖感からゆるむミスのリスクが高いのです。また、球を上げようとしてロフトがふえすぎると、ボールの下をヘッドがくぐってしまったり、フェースの上っ面に当たって飛ばなくなるなど、**ＳＷは実はショートするリスクを山ほど抱えています。**

40Ｙのアプローチで、しっかりキャリーを出して確実にバンカーを越えることを最優先するなら、むしろＡＷなどのロフトが少し立ったウェッジのほうが、ショートの心配は少ないはず。

しかし実はこの状況、いいわけ君は、「バンカーだけは越えるぞ」と宣言しながらも、実は「バンカーを越えて、なおかつ球を止めてピンに寄せたい」と考えているのです。このギャップを認識せずにショットに臨むと、大きなミスを生むので注意が必要です。

ロフトの立ったウェッジでしっかり打てば、バンカーは越える可能性が高いですが、ボールがうまく止まらずにピンを越えてオーバーする可能性も高くなります。反対に、ピンの近くに球を寄せるには、バンカーを越えたギリギリのところを狙う必要があったり、球を上げて止めるテクニックを駆使するなど、今度はキャリー不足でバンカーを越えなくなるリスクが高まります。

バンカー越えのアプローチというのは、この二律背反する命題にどう折り合いをつけて妥協点を見いだすかがポイントなのです。本当にバンカーが苦手で絶対に入れたくない人は、奥さえ安全なら思い切ってピンより先にキャリーさせるくらいの感覚で打つことが大事ですし、どうしてもピンの近くに球を止めて寄せワンを狙いたいなら、バンカーに落とすリスクも覚悟しなければなりません。

ところが、いいわけ君のようにそこに無自覚なままアバウトにアプローチしてしまうと、SWを持って球が止まりやすい状態を作っているのに、スイングまで球を上げに行って大きなミスをするような結果につながりやすいのです。難しい状況ほど、自分がやるべきことを明確にし、二兎を追う愚を避けるようにすることが大事ですよ。

ラウンドレッスンの答え

「絶対に越えたい」ならオーバーを許容すべし

Miss 90%

乗せることが大事

乗れば最高！　贅沢は敵だ！

12番ホールでは、いけいけ君はティショットを谷に落としましたが、うまく脱出して3打目は70Yほどのいいライから打てる状況。これならまだパーもあり得ます。左端に切ってあるピンを見たいけいけ君は、SWでピンをデッドに狙いましたが、狙いがズレていたのに加えて力んで引っかけてしまい、左に10Yほど外してしまいました。

いけいけ君「まああそこならいいか、OKOK」

ブラック先生「OKじゃないよ。ここはとりあえずでも乗せなきゃ！」

いけいけ君のショットは、彼の腕前からすれば特段悪いショットではありません。SWでも左右10Yくらいの誤差なら想定内でしょう。ですが、だからこそ端に切ってあるピンを見て打つのではなく、とりあえずでもグリーンオンを狙っていくことが大事なんです。

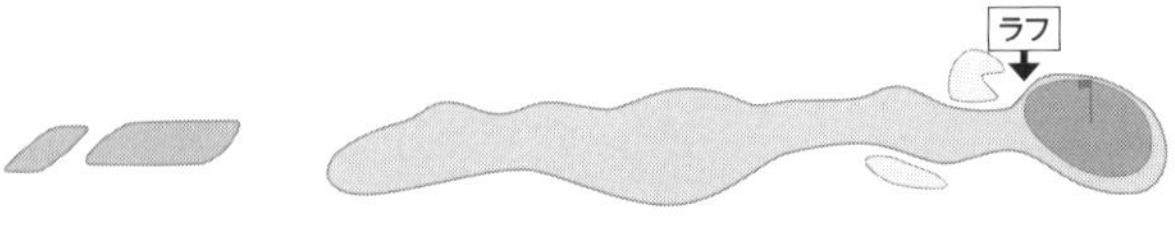

ロングパットが苦手な彼は、グリーンの端っこに乗せるくらいなら、いいライからアプローチをするほうがいいと考えているかもしれませんが、10Yのパッティングと10Yのアプローチ、平均点が高いのはどっちでしょうか。いえ、10Yのパッティングと5Yのアプローチでも、前者のほうが平均的な結果はいいでしょうし、カップインの確率だってパターのほうが高いはずです。

アマチュアの方には、3パットをイヤがる気持ちもあるのか、グリーンの端っこに乗せることをイヤがる人が多いですが、同じ距離のアプローチと比べて考えれば、パットのほうがケガも少ないし結果も安定するのは明らかです。

そのためには、**端ピンの場合などはとくに、アプローチで「寄せにいって乗らない」というケースを避け、とりあえずでもグリーンに乗せておけるような狙い方をするようにしてください。**これはショットも同じですが、「寄せる」ことよりも「乗せる」ことの価値を重視してグリーンを狙うようにするのがスコアアップの早道ですよ。

ラウンドレッスンの答え

まずは「乗せる」ことがスコアアップの近道

Miss 75%

できないことはやらない

できもしないワザは大ケガの元

距離は短いけれども、打ち下ろしで距離感が難しいパー3。しかもアゲンストが吹いていて、ショートアイアンではどのくらい距離が落ちるか、判断が難しい状況です。いいわけ君は8番アイアンか9番アイアンで悩んでいましたが、9番アイアンをチョイス。しかし、構えているときのボール位置が、普段よりもボール1～2個ほど右にあるのを、私は見逃しませんでした。

そのまま打ったいいわけ君のティショットは、右方向に一直線。OBは免れたものの、右の斜面に引っかかり、難しいアプローチに挑まなければならなくなりました。

いいわけ君「ああっ、ちょっと振り遅れた！」

ブラック先生「ちょっとじゃないね(笑)。その打ち方、練習してる？」

いいわけ君「ギクッ！……してません」

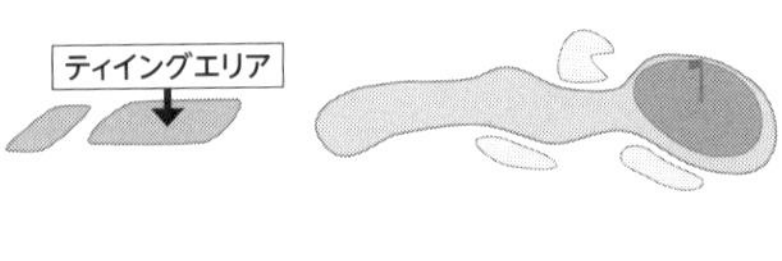

いいわけ君が、アゲンストを気にしつつも、８番アイアンでは大きすぎるのではないかと懸念し、小さめの番手を持ち、ボールを右寄りに置いて高さを抑え、風に負けない球を打とうとしたのは明らかです。考え方としてはあながち間違いではありませんが、いいわけ君は、ボールを右に置いて高さを抑える打ち方を、普段から練習していなかったはず。やはり、**ラウンド中に、練習でもやったことがない打ち方を試してうまくいくはずがありません。**案の定インパクトで詰まってフェースが開き、右方向にミスしました。

新しい技術は、コースで実戦の中で使っていかないと身についていきません。しかしその前提として、練習場で試し、どうやればうまく打てるのか、どんな注意が必要かといった準備をしておくことは不可欠です。挑戦するのはいいことですが、できないことをやろうとするのは、挑戦ではなくただの無謀だということを肝に銘じてください。

ラウンドレッスンの答え

コースで試すのは、練習場で身につけてから！

Miss 90%

ピッチマークは大事な情報源

ピッチマークは情報の宝箱なんだけど

同じ13番パー3。いけいけ君は、9番アイアンをうまく打ってパーオンを決めました。ベタピンとは言えないのでバーディは欲張りすぎとしても、パーの期待はできそうです。グリーンに上がるや、熱心にラインを読んでいるいけいけ君ですが、その前に大事なことを忘れているようです。

ブラック先生「いけいけ君、ピッチマーク直した？」

いけいけ君「あっ、まだでした。すみません！」

ブラック先生「ピッチマークを無視するなんてもったいなさすぎるよ！」

ボールがグリーンに落ちた跡であるピッチマークを直すのは、グリーンを保護する観点からも忘れてはいけませんが、自分のショットに関する大事な情報源なので、必ずしっか

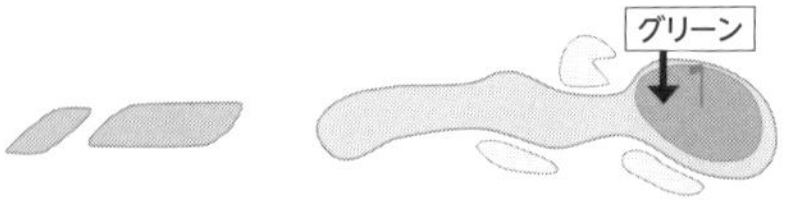

りチェックしたいですね。
とくに今回のいけいけ君のように**ナイスショットでグリーンオンした際のピッチマークは、打った番手のキャリーとランを知る貴重な情報です。さらにパー３でピンまでの正確な距離がわかっているなら最高。加えて、ピッチマークの深さやえぐれた土の湿り気などを見れば、その日のグリーンの状態までチェックできます。**

たとえば、ピンまで１２４Ｙの状況から打って、ピンの１Ｙ手前にピッチマークがあり、ボールがピンの６Ｙ先に止まっていたとしたら、それは１２３Ｙキャリーして７Ｙ転がったことを意味します。この正確な情報は、練習場では得られません。これに風や高低差、気温などを加味した情報を蓄積していくことで、自分の正確なキャリーとランの距離がわかっていくのです。これは、メモして残しておきたいくらい大事なものだということを、忘れないでください。

ラウンドレッスンの答え

ピッチマークを直さない人は上達しない！

真っすぐを目指すな

「ミスの幅を減らそう」は大間違い！

14番ホールは長いうえに左右両サイドにＯＢがあるイヤなホール。いけいけ君のティショットは、残念ながらスライスして右にＯＢ。気を取り直して打った暫定球は、やはりスライスでしたが、なんとかフェアウェイ右いっぱいに止まりました。

いけいけ君　「よし、今度はうまく打ったぞ！」

ブラック先生　「何言ってるの！　１発目の反省が生きてないよ！」

いけいけ君は、２発目が１発目よりも曲がりが小さくＯＢにならなかったことで満足したようですが、本当にレベルアップを望むのであれば、これでは合格点はあげられません。私から見れば、一度処罰された犯罪者が懲りずに累犯を犯してしまったようなものです。

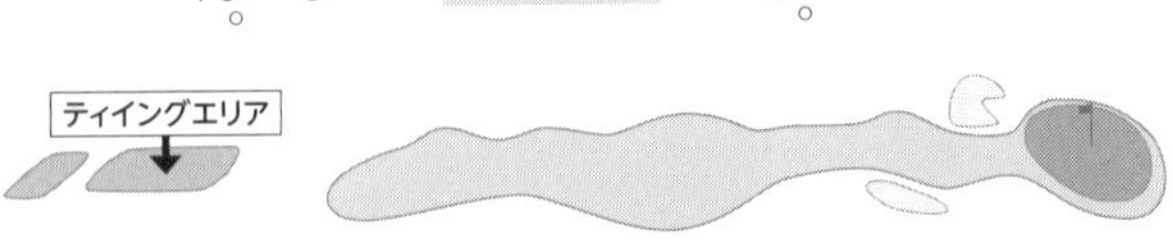

１発目のティショットをＯＢにしてしまったのは、この際仕方ないとしましょう。しかし、**それを受けての暫定球の２発目にこそ、上達のヒントがあります。なぜなら暫定球は、一度失敗した状況を、同じ場面から「復習」することができるほぼ唯一のケースだからです。これほど効率のいい練習シチュエーションは、ほかに存在しません。**

だからこそ、２発目を打つ際には、１発目のミスの原因を徹底的に排して、問題点の根治を目指さなければならないのです。１発目でフェースが開いてスライスしＯＢしたのなら、２発目はフェースを思い切って閉じながら打ちフックさせることができなければ、根治とは言えません。最初が大きなマイナスだったのなら、次はマイナスの幅を抑えようとするのではなく、プラスの数値を出す勇気と覚悟が必要なのです。

いけいけ君は、暫定球を「曲がり幅を抑えたい」「真っすぐ打ちたい」と思って打ちましたが、これではいざという場面でまた同じミスを繰り返します。ミスのあとこそ、真価が問われます。思い切った意識改革で、「実になる暫定球」を打ちましょう。

ラウンドレッスンの答え

スライスでＯＢしたら、暫定球はフックを打て！

落下点によるランの差

自分のキャリーとラン、わかってないよねえ

ティショットに成功して、残り距離は長いもののフェアウェイからグリーンを狙える状況に意気込むいいわけ君。ピンまで残り１８０Ｙもありましたが、グリーン周りにバンカーや池もなく、ＯＢの心配もないので思い切ってＵＴでグリーンを狙うことにした様子。

いいわけ君の２打目は、グリーンの奥に切ってあるピンに向かって真っすぐ飛んでいくナイスショット。会心の当たりに、内心ホクホクでグリーン周りに向かったいいわけ君でしたが、グリーン上にボールはなく、発見したのはなんとグリーン奥のバンカーでした。

いいわけ君　「飛びすぎちゃったかな？　20Yもオーバーしちゃった」

ブラック先生　「何を浮かれているのやら。球が止まらなかっただけだよ」

いいわけ君のショットの落とし穴は、実はピンがグリーンの奥に切ってあったことにあ

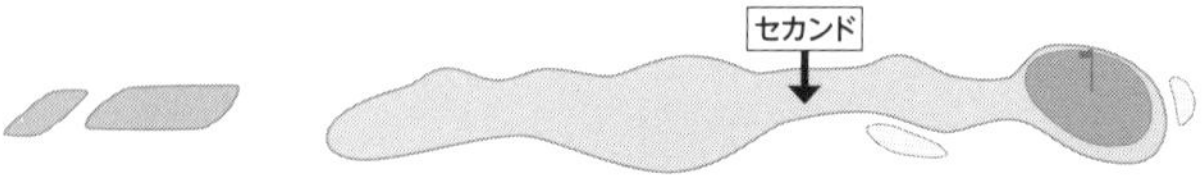

ります。このホールのグリーンは奥行が40Y近くある縦長の大型グリーン。いいわけ君は、１８０Ｙ飛ばせるというＵＴを使ってグリーンを狙いましたが、彼のＵＴのキャリー距離は実質１６０Ｙ前後。しかもこのトータル距離の計算は、フェアウェイや花道に落ちたときの距離がベースになっていたのです。

ところがこのホールはピン位置が奥にあったため、１６０Ｙキャリーしたいいわけ君のショットはグリーン上に落ちました。グリーン上とフェアウェイでは、地面の硬さも芝の抵抗も全然違います。普段フェアウェイに落ちて20Y前後転がる弾道が、グリーンに直接落ちたため30〜40Y転がって奥のバンカーまで行ってしまったのです。

ランの距離は、落下点のライや傾斜によって大きく変わります。深めのラフに球が落ちればほとんどランは出ないでしょうし、グリーンでも受けの傾斜に落ちればさほど転がりません。だからこそ、**飛距離というのはキャリーをベースに考えることが大事なのです。**

ラウンドレッスンの答え

落下点を無視してスコアは作れない！

ロングパットはアプローチ

「届かなきゃ入らない」は滅びの言葉

2打目をオーバーしたいいわけ君は、グリーン奥の難しいバンカーからなんとか1打で脱出したものの、あわやホームランという当たりでグリーンのフロントエッジ近くまで打ってしまいました。カップの位置はグリーンのかなり奥なので、4打目のパーパットはカップまで30m近い距離。

エイヤッとばかりにヒットしたいいわけ君のファーストパットは、カップの手前で減速して3mちょっとショートして止まり、いいわけ君は不満顔です。

ブラック先生「え？　これで不満なの？」

いいわけ君「でも、届かなきゃ入らないし……」

ブラック先生「入れる気だったの⁉　3パットを3回している男が！」

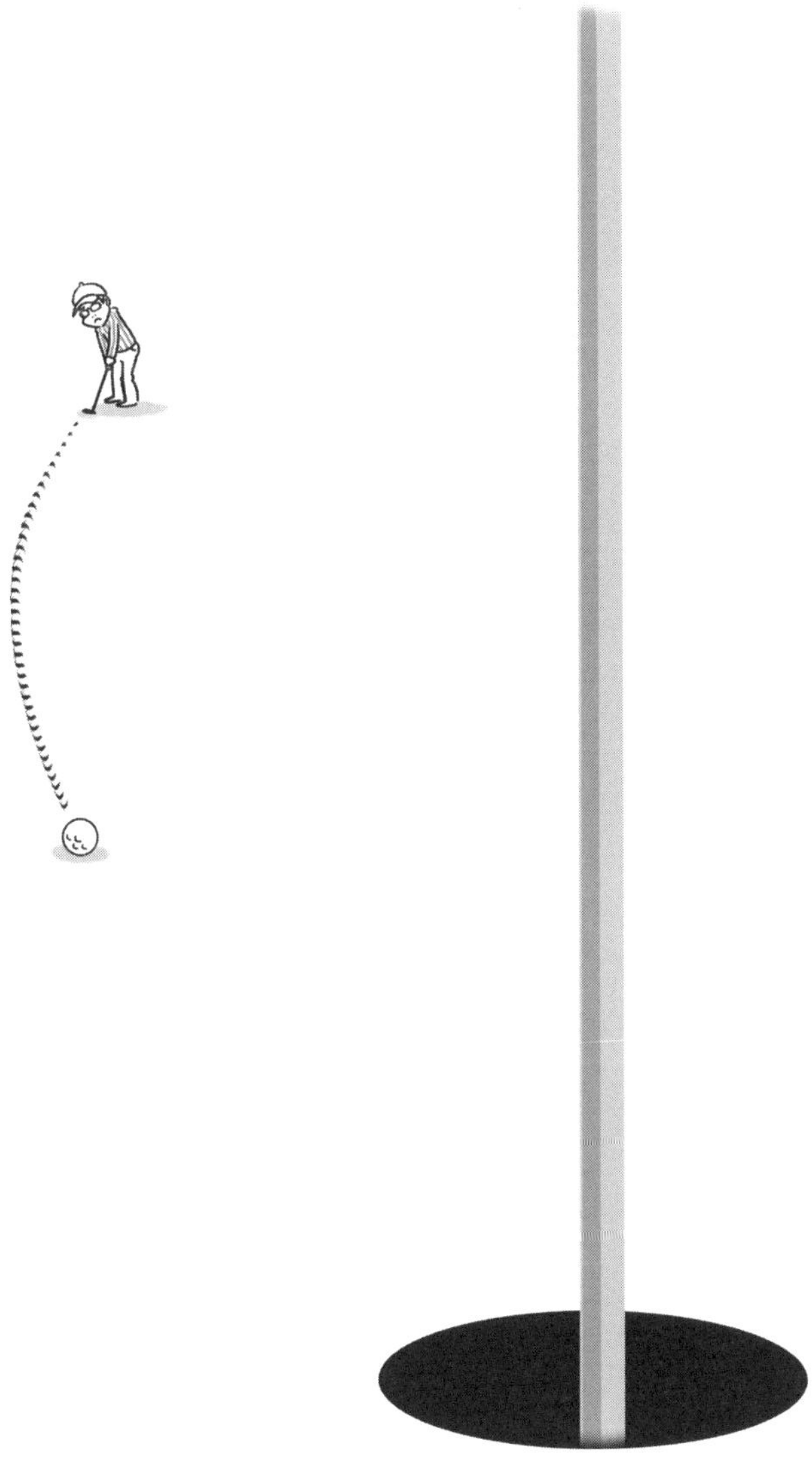

いいわけ君の愚痴は、半分満足の「言っただけ」なのかもしれませんが、実際、彼のパッティングは「ナイスパット」の範疇ではないでしょうか。

私は、**パッティング、とくにロングパットの場合は、狙った距離に対して前後左右10%以内の誤差ならナイスパットと言っていいと考えています。**これは、カップまで30mなら半径3m以内に収まればいいということですから、ボールが27〜33m転がればいいということ。20mのパットなら18〜22mですね。

これは直径で考えればそれぞれ6m、4mの円で、距離に対しては20%の許容範囲があります。この円は意外に大きいですよ。この幅に収めればいいと思えば、ロングパットも意外に気楽に打てるのではないでしょうか。

そしてこの範囲に入れられれば、次は3m以内のパット。これはある程度チャンスと思って打てる距離。仮に外して3パットしても、30Yからのアプローチを3打で上がったと考えれば上出来だと思いませんか。

アマチュアの方は、トーナメントのテレビ中継の影響なのか、3パットを「絶対にダメなもの」と考えて忌避する傾向がありますが、実際は20〜30mもの長いパットはそうそう毎回2打で入れられるものではありません。

トーナメント中継で長いパットがカップのそばを毎回かすめるのは、トッププロの中でも好調な人が画面に映し出されるからで、あれが「普通」ではありません。

それに、「3パット」といっても、3打目が5mに乗っての3パットと、2オンして30mも遠くからの3パットでは意味合いがまったく違いますし、どんなラインでも同じようにひとくくりにして考えることはナンセンスです。

ボギーペースでのゴルフが基準の人にとって、端に2オンして3パットのボギーがいくつかあるのは、織り込み済みでいいのです。長いパットに期待しすぎて、ナイスプレーの3パットでストレスをため込むのはもったいないですし、3パットをイヤがりすぎて4パットのピンチを招くのは、なおもったいないですよ。

ラウンドレッスンの答え

ロングパットはパットと思うな！　アプローチ感覚で寄せにいこう

飛んだから狙うの？

「飛んだからチャンス!!」は大間違い

15番パー4のいけいけ君のティショットは、今日イチのビッグドライブ。２４０Ｙ以上の飛距離が出たようで、いけいけ君もホクホク顔です。これなら2打目をアイアンで狙えるので、パーオンの可能性も十分あります。

ところが2打目地点に行ってみると、ボールは不運にもディボット跡にスッポリと入ってしまっています。ピンまでは１３０～１４０Ｙ程度ですが、グリーン手前には深いバンカーがあって、バンカーが苦手ないけいけ君にとっては悩ましい状況なはず。しかし、いけいけ君は9番アイアンを手にすると、迷わずアドレスし、ワッグルを始めました。

ブラック先生「ちょっと待った！　そのライで、狙うの？」
いけいけ君「だって、ドライバーがあんなに飛んだから……」
ブラック先生「……飛んだから何？　その根拠、どこにあるの？」

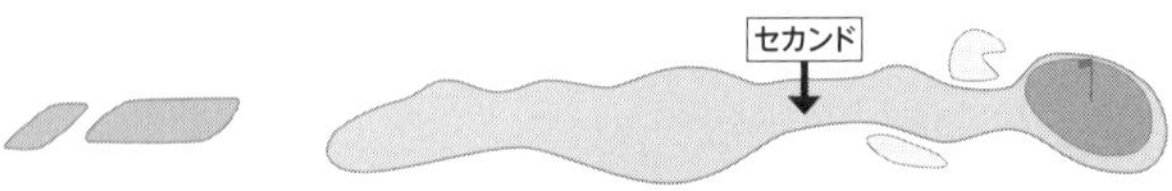

いけいけ君の気持ちもわかります。ティショットがいい当たりをしたら、それをムダにせずに2オンに結びつけたいと思うのは、自然な発想でしょう。

でも、**ティショットがいい当たりだったから2打目は何が何でも狙うというのは本末転倒。**２打目でムリをしてミスをすることこそ、せっかくうまくいったティショットをムダにする行為だと思いませんか？

今回のいけいけ君のように、アマチュアの方の多くは「いい当たり＝いい結果」という混同をしがちです。しかし、いけいけ君のティショットは「いい当たり」ではありましたが、ディボット跡に入ってしまっており、不運ながら「いい結果」ではない。これがゴルフというスポーツの難しいところの1つです。

少し考え方を変えてみてください。３７０Yのホールで、２４０Y飛んで残り１３０Yのディボット跡にある状況と、３３０Yの短いパー4で、ティショットをミスして２００Yしか飛ばず、しかも残り１３０Yのディボット跡にある状況。ティショットの当たりは全然違いますが、２打目地点の状況は同じ。同じ人間がプレーする以上、前者と後者でできることに違いはないのです。それなのに1打目の結果によって2打目の選択肢が変わるのはおかしいのです。

とくに今回のいけいけ君の状況は、2打目がショートアイアンで打てる距離で、「ライさえよかったなら2オンの可能性が十分あったはず」とか「うまくヘッドが入りさえすれば届くんだ」と考えがちなので、より危険です。1打目の結果に引きずられないことに加えて、**残り距離が短いからといってチャンスだと思い込まず、現状を冷静に見極めることが大事です。**

ラウンドレッスンの答え

判断基準は「さっきの当たり」より「いまのライ」

もちろん、グリーン手前にバンカーや池がなく、多少ミスしても大きな問題にならないのであれば、2オンを狙ってトライしてもいいのですが、今回はバンカーがあります。パーかダボトリという一か八かのゴルフでなく、ティショットのいい当たりをムダにせずにボギー以上で上がることを考えるなら、ここは安全策をとるべきですね。

ピン奥10Yでもいい

オーバーを怖れすぎるのはナンセンス

同じ15番パー4。いけいけ君ほどではないにせよ、ティショットがいい当たりだったいいわけ君は、2打目をショートアイアンで打てる絶好のチャンス。ピン位置はかなり手前側。エッジからピンまで6〜7Yという状況です。

いいわけ君は、ピンまでピッタリの飛距離だという9番アイアンを持って2打目を打ちましたが、ボールは惜しくもグリーン手前の花道に落ちて止まり、2オンはなりませんでした。

いいわけ君「あー、届かなかった。まあ花道だからいいか」
ブラック先生「いま、どこを狙って打ったの？」
いいわけ君「え……、ピンですけど」
ブラック先生「どうしてピンしか見ないのかなあ。もったいない」

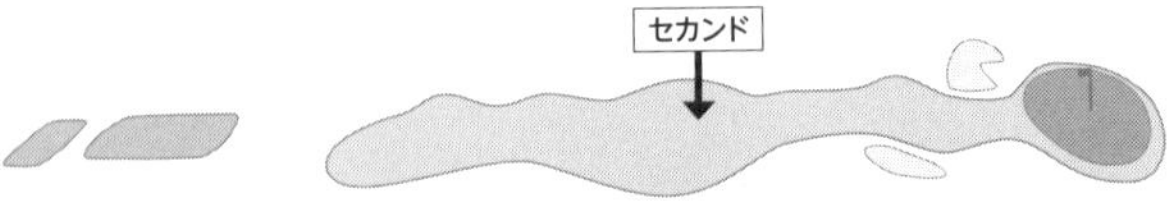

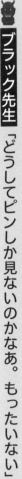

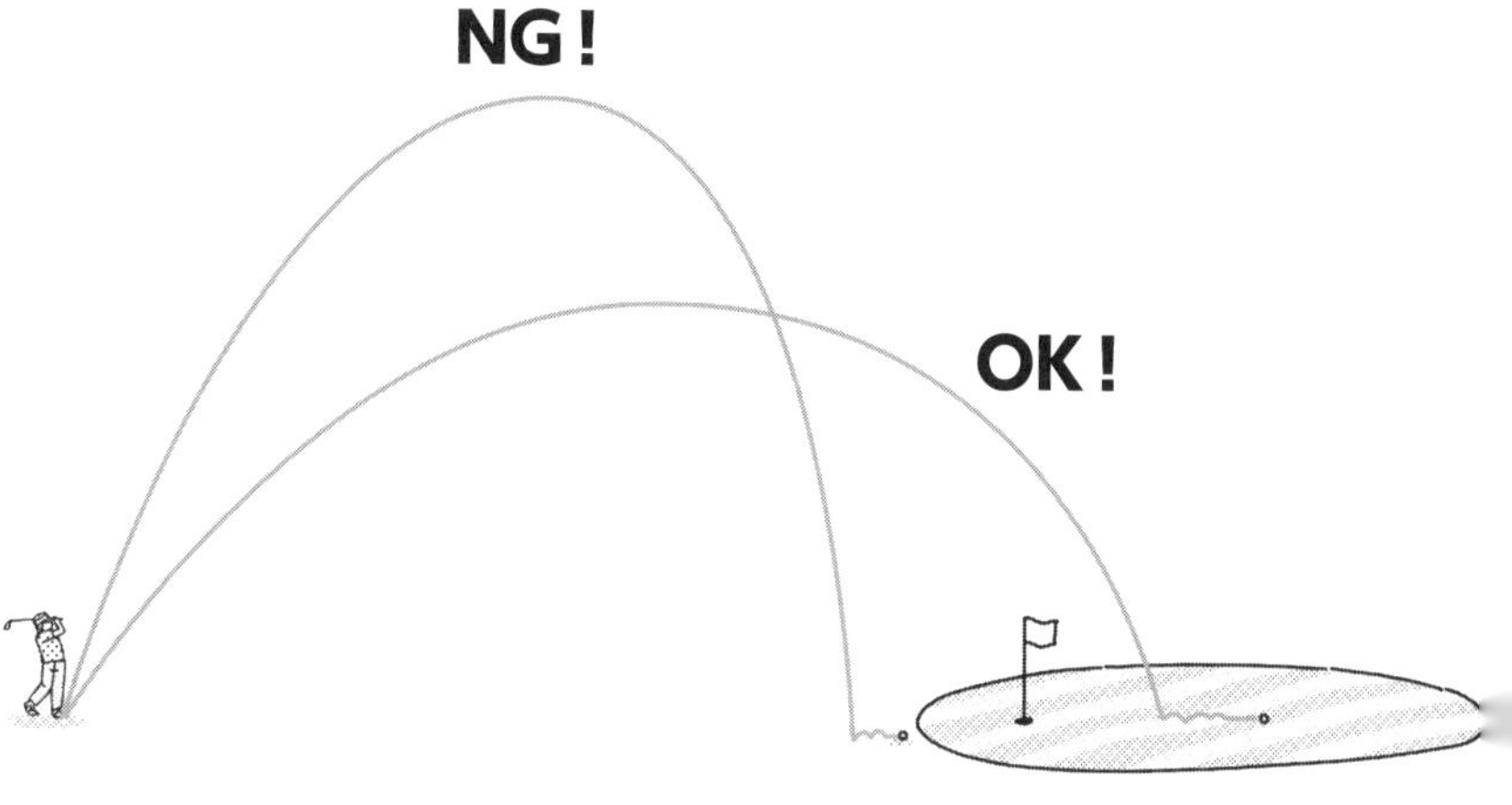
NG!
OK!

アマチュアの方を見ていると、手前ピンのホールでグリーンを狙うショットをショートして乗せられないケースをよく見ます。

ショートが多いのは、ダフリが多いからということもありますが、やはりピンしか見ずにショットをしているからではないでしょうか。なぜかオーバーをイヤがって「ピンまでの距離」を打とうとし、ショートしているのです。

たしかに「グリーンは手前から攻めるのが定石」とは言われますが、それは硬くて速いグリーンでボギーを防ぎパーやバーディを獲っていくための格言。それほど速くもない一般営業のコースのグリーンで、しかも90切りくらいのスコアが目標なのであれば、そんな言葉にとらわれる必要はありません。

グリーン手前にあるピンを狙ってオーバーしないように打つと、多くの場合ボールのキャリー位置はグリーン手前のフェアウェイになります。長い番手で狙う場合やヘッドスピードが遅めの人、ロフトが立った飛び系のアイアンを使っている人などはとくに、自分でイメージしている以上に手前に落ちるはずです。

落下点がグリーン上なら、普段のイメージ通りのランが出てくれるのでしょうが、落下点がフェアウェイやラフの場合、グリーンに落ちたときほどボールは前にキックしませんしランも出ません。そのため、ナイスショットしたのにトータル距離が足りずにショートするケースが多くなるのです。

グリーンを狙うショットでは、ピンをオーバーすることを必要以上に怖れないでください。ピンを10Ｙオーバーして下りの長いパットが残ったところで、グリーン上に乗ってさえいれば、花道からの10Ｙのアプローチよりもいい結果につながりやすいはずです。とくに手前ピンであれば、ピンより手前のグリーンの面積はとても狭くなります。そこをムリして狙うことは、メリット以上にデメリットが大きいのです。

ポイントは、ピンまでの距離だけを見るのではなく、グリーンセンターまでの距離やエッジまでの距離も確認して番手を選ぶこと。まずは「乗せる」ことを優先したほうが、スコアは出やすいですよ。

ラウンドレッスンの答え

ピンの奥でも、乗れば最高

ロングパットはタッチだけ

ロングパットのラインは読んでもムダ！

いけいけ君は、結局2打目をディボット跡からハーフトップしてしまいましたが、なんとかボールはグリーンに残り、２オンに成功しました。あのライからであれば、十分ナイスリカバリーと言っていいショットでしょう。

しかしファーストパットは、グリーンを斜めに横切る15ｍほどのロングパット。いけいけ君は、またも入念にラインを読んでいます。

いけいけ君「うーん、どのくらい切れるかなあ？」

ブラック先生「ラインなんか適当でいいから、タッチに集中！」

いけいけ君はラインばかり気にしていますが、**「寄せる」ためのロングパットは、ラインよりもタッチのほうが何倍も重要です。**

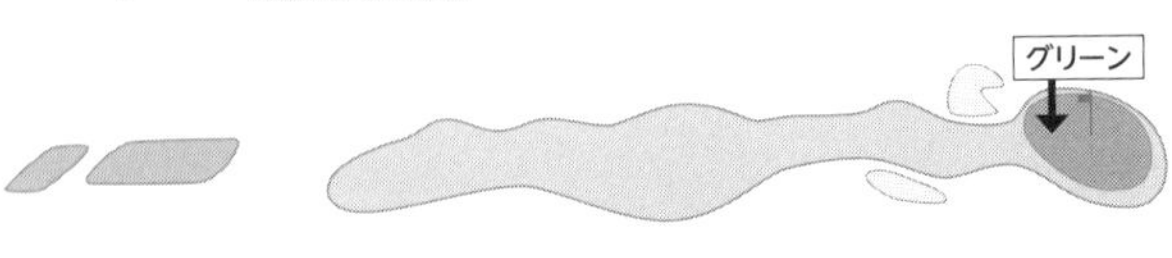

たとえば15ｍのパットで、タッチが合っているのにラインを読み間違えて左右に5ｍもズレることってそうそうないはずです。大抵、右に切れるか左に切れるかはわかっていて、悩んでいるのは「どのくらい切れるか」。だから、想像よりも切れなかったとか、思ったより切れたという読み違いがあっても、そのズレは多くて1～2ｍ程度。もし「どっちに切れるかわからない」と悩んでいるのであれば、それほど傾斜が微妙なんですから、読み違えたところでさらに誤差は小さいはず。真っすぐ打っても大勢に影響はありません。

でも多くのアマチュアは、15ｍのパットを5ｍショートしたりオーバーするのはしょっちゅうのはずです。だったら、**左右の誤差を気にするよりも、縦の誤差を小さくすることにエネルギーを注ぎ、タッチだけに集中して打ったほうが、絶対に結果はよくなります。**まして、50㎝さえなかなか真っすぐ打てない人が、15ｍ先の数十㎝を気にするなんて、ムダの極みですよ。

ラウンドレッスンの答え

ラインよりタッチのほうが10倍以上大事

第5章 ～終盤～

スコアは、意識して出してはじめて価値がある

「ホールアウトしてみたらいいスコアだった」というのはただのまぐれで、重要な試合やコンペではそのスコアは出せません。目標スコアに対して自分はあと何打打てるのか、そのためにこのホールをどうプレーすべきかを常に意識しながらプレーし、それを実現するための工夫をすることが大事です。

入れればパー
球を打つことを忘れたらおしまい

スコアを意識する

意識しないで出したスコアには意味がない！

今日のラウンドレッスンも、すでに15ホールが終わって、残すところあと3ホール。

ここまでのスコアを集計してみると、いいわけ君は前半は50の大台に乗ってしまい、後半もここまで10オーバーの34。気を引き締めて残り3ホールをボギーペースの15で上がってやっと49。それで50－49の99というギリギリのところです。

一方のいけいけ君も、前半は13オーバーの49。後半はここまで9オーバーの33。前後半ともにいいわけ君に1打ずつ勝っているとはいえ、予断を許しません。

2人とも、私がプレッシャーをかけ続けている影響をモロに受けているのでしょうが、「90切りを目指す」と言うにはちょっとお粗末なゴルフですね。

いいわけ君　「ちょっと、スコア言わないでくださいよ～」

いけいけ君　「聞くと意識しちゃってダメなんです」

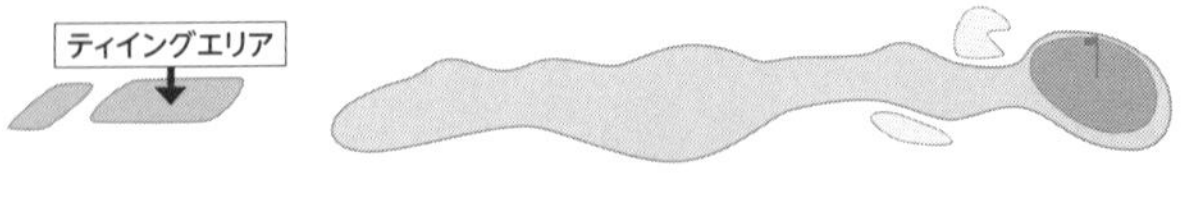

ブラック先生「何言ってるの！　スコアは意識して出さなきゃ意味がないんだよ！」

実際に私は、ラウンドレッスンでは必ずスコアの途中経過を生徒に伝えながらプレーします。**とくに上がり３ホールと、最終ホールのティショット前には、しつこく言って強く意識させるようにしています。なぜなら、スコアというものは、意識してコントロールできるようになってはじめて実力と言えるからです。**

競技で結果を出そうと思ったら、優勝スコアやカットラインといった数字を意識しながらプレーしなければなりませんし、そのうえで、「絶対にパーが必要」とか「ダボは打てない」という状況は必ず訪れます。そういうときに、そのスコアを意識しながら達成できなければ意味はなく、「意識しちゃうとダメなんだよな」などという言い訳は通用しないのです。スコアをつけずにプレーして、同伴競技者がつけてくれていたスコアを見たらベストだった……などというスコアは私は認めませんよ（笑）。

とくに上がりのホールでは、「あと何打打てるか」を常に意識する必要があります。今日の2人は、90切りというよりも100切りが目標になってしまいましたが、実際にはそういった目標の切り替えが必要になることも多々あります。優勝を目指してスタートしても、調子が悪かったりスコアが伸びなければ、途中で目標を予選通過に切り替えなければならないことはめずらしくありませんからね。

スコアを意識しながらプレーすると、自分の実力にも客観的になれます。いけいけ君も、残り3ホールをすべてバーディで上がっても目標には届きませんし、それが現実的ではないことはわかるはずです。では、全部パーなら現実的なのか。全部ボギーなら狙えるのか。**つまり、ここで「狙えるスコア」が自分の実力なのです。**

実力的には、2人とも3ホールを3オーバーで上がることは可能でしょう。ですが、全部キッチリボギーを獲れるかというと微妙なところ。一方で、パーのチャンスも十分あるはずですから、パーさえ獲ればダボも1つは許容できます。

ここで改めて、「3ホールごと」に区切ったスコア管理が意味を持ってきます。ここまでは「3ホールごとのセット」を割と漠然と見ていたと思いますが、いざ残り3ホールとなると、それがクッキリと浮かび上がってきます。

この3ホールを「15」で上がるために、あと何打打てるのか。パーが獲れるとしたらどのホールか。そのためにほかのホールでは何が必要なのか。頭の中を駆け巡ると思います。その頭の回転が、スコアメイクには必須なのです。そして上がりの3ホール以外のすべての3ホールも同様の集中力でプレーできれば、必ずいいスコアが出せると思います。

ちなみに、今日の2人はダメダメのように見えるかもしれませんが、私とラウンドレッスンをする生徒たちは、よいスコアのときがあってもだいたいいつもこんな感じです。80台が出る人でも100切りになりがちですし、シングル級でも90くらい叩く。100切りを目指す人でも、ダボペースの108を切るか切らないかくらいになるのです。

それは、私にかけられるプレッシャーで混乱したり、普段考えないことを考えながらプレーするせいかもしれません。しかし、私と回って出せたスコアは、「80台が（あるいは70台が、90台が）必要なときに狙って出せる」本当の実力です。普段から、そういうラウンドをしてほしいですね。

ラウンドレッスンの答え

「あと何打打てるか」を意識しながらプレーしよう

キャリーとラン

自分のキャリー、本当にわかってますか？

さて、締めの3ホールの最初は、176Yと長めのパー3。
UTを持ってめずらしく芯を食ったいいわけ君のティショットは、キレイな弾道でグリーン方向へ放物線を描きました。しかし、ボールはグリーン手前のバンカーを直撃。大事な場面で、さっそく苦しい展開になってしまいました。

いいわけ君「あれ〜、アゲていたのかなあ？」
ブラック先生「とんでもない。アゲてないし、いい当たりだったよ」
いいわけ君「ええっ？　でもUTは180Y打てるクラブなんです……」
ブラック先生「それはトータルでしょ！　自分のキャリー、わかってる？」

ここまでも何度かキャリーとランの話をしてきましたが、アマチュアの方のほとんどは、

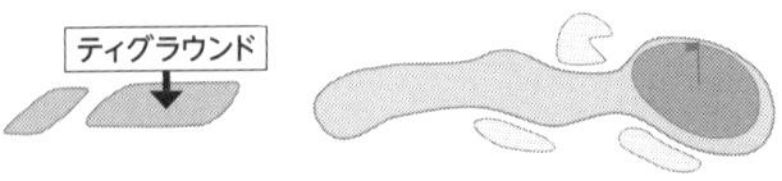

自分の各番手の飛距離をトータルの距離でしか見ていないので、いいわけ君と同じような失敗が多く見受けられます。とくに、**ミドルアイアン以上のアイアンやＵＴ、ＦＷなど距離の出る番手はランも多く出るので、トータルの距離とキャリーの距離とのギャップが大きくなるので注意が必要です。**

今回、いいわけ君はＵＴでナイスショットして、トータルでは１８０Ｙくらい飛ぶショットだったはずですが、彼の「１８０Ｙ」の内訳は、キャリー１６０〜１６５Ｙ、ランが15〜20Ｙというところ。ピンまで１７６Ｙだとしても、実際の落下点はそれよりも10〜15Ｙ手前なので、ナイスショットなのにバンカーを越えなかったというわけです。

いいわけ君は、この事実をきちんと認識できず、バンカーに入ったのが風のせいではないかと結論づけようとしました。これでは、今後同じような状況に遭遇してもまた同じことを繰り返し、「成功するはずのないショット」を打ち続けることになります。

みなさんは、自分の各番手のキャリーの距離と、ランのイメージをご存じですか？　**実際は、みなさんが思っている以上にキャリー距離は短いものなんです。**

とくに長い番手は弾道が低くバックスピン量も少ないので、ＦＷやＵＴではトータル距離の1割以上をランが占めている人がほとんどのはず。ドライバーに至っては、トータル220Y飛ぶという人でも、200Y先のバンカーをキャリーで越せないケースがほとんどでしょう。テレビ中継のプロのショットを見ていると、グリーンにピタリと球が止まりますし、ウェッジやショートアイアンではバックスピンで戻ったりすることもあるので錯覚しがちですが、あのように球を止めるには、相当のヘッドスピードが必要なんです。現実はそんなに甘くありませんよ。

さらに、最近のロフトが立った飛び系アイアンを使っている人や、アイオノマーカバーのディスタンス系ボールを使っている人はより注意が必要です。この組み合わせでは、ドライバーのヘッドスピードが40m／s程度ある人であっても、ショートアイアンでも10～15Y以上のランが出ている可能性が高いと思います。「8番で160Y飛ぶ！」と思っていても、140Yのバンカーは越えないかもしれません。

自分のキャリーとランを知るには、「トラックマン」などの計測器を使う以外は、普段から落下点を意識しながら練習、プレーする以外に方法はありません。P132でも話したように、自分のピッチマークなどをしっかりチェックすることも大事です。

ただしランの距離というのは、同じショットでも風向きや着弾時の状況などによって大きく変化します。着弾点の傾斜がどちらを向いているかで転がりは大きく変わりますし、落下地点が硬ければ硬いほど球は止まりにくくランが出ます。

また、アゲンストでは弾道が風に押されて伸びずに最後は真下に落とされるように着弾するのでランが出にくいですし、反対にフォローでは風に押されてなだらかに着弾するのでたくさんランが出ます。

ですからランの距離というのは、実際にどれだけ転がったかというデータを、そういった状況と組み合わせて判断、記憶する必要があります。

そしてその前提として、打ったときの感触や球の飛び方で、ナイスショットだったのかミスショットだったのか、正しく判断してフィードバックしてください。いいわけ君のように、ナイスショットをミスショットだと勘違いするようでは、永遠に正しい飛距離はわかりませんよ。

ラウンドレッスンの答え

トータル距離だけでマネジメントはできない

ナイスミス

結果よりもスイング！

いけいけ君は、いいわけ君のミスを見て大きめの番手を持ってティショットに臨みましたが、インパクトでフェースが開いてスライスし右手前にショート。しかし運よくバンカーは回避し、アプローチにチャンスをつなぎます。

いけいけ君「まあいいか、ナイスミスって感じですね」

ブラック先生「全然ナイスミスじゃないよ！　今日の注意点、もう忘れちゃったの？」

いけいけ君は、ナイスショットではなかったけれどもアプローチしやすそうな場所に飛んでくれて安心したようですが、このミスは到底「ナイスミス」とは言えません。

というのも、いけいけ君の今日のスイングテーマは「フェースをしっかり返して球をつ

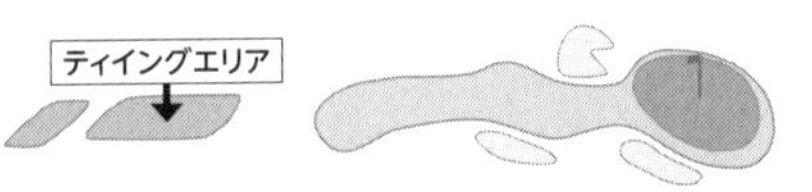

かまえる」こと。スタートからずっとそこを意識してスイングしてきたせいでラウンド中盤には少しよくなってきていたのに、終盤にきてスコアが気になってスイングが疎かになったのか、また悪い癖が顔を出し、いつも通りの力のないスライスが出てしまいました。やるべきことをやり切って出たミスは「ナイスミス」と言ってもいいですが、集中力を欠いたスイングをしての結果オーライは、ちっともナイスではありません。

ラウンドの終盤は、スコアを気にすることも大事ですが、疲労やプレッシャーで体の動きが鈍くなってきたのに流されず、しっかりと注意点を意識してスイングすることも大事。

せっかく一日やってきたことが尻すぼみのフェードアウトにならないよう、上がり３ホールは改めてスイングに意識を置く必要があります。

競技の本番とは違って、練習ラウンドやラウンドレッスンの場はとくに、結果よりも過程が大事。最後までやるべきことを忘れずに遂行しましょう。

ラウンドレッスンの答え

終盤ではスイングの再確認を忘れずに！

先まで見てる？

無謀にピンを狙うから、トリになる！

ティショットをバンカーに入れてしまったいいわけ君。アゴも高くないしライもいいので難しいシチュエーションではないのですが、いいわけ君はバンカーが大の苦手なので、とにかく1発で脱出さえできれば上等という状況です。しかしいいわけ君のアドレスは、ピン方向を向いています。ピンの奥には別のバンカーが見えるのですが……。

ブラック先生「ひょっとして、ピンを狙ってる？」

いいわけ君「はい。ここはボギーで上がらないといけないので！」

ブラック先生「いやいや、そうじゃないでしょ！」

いいわけ君はバンカーが苦手で、ミスはダフリもホームランもあります。いま彼はピンを狙って構えていますが、もしホームランしてピンを大きく越えていったら、奥のバンカ

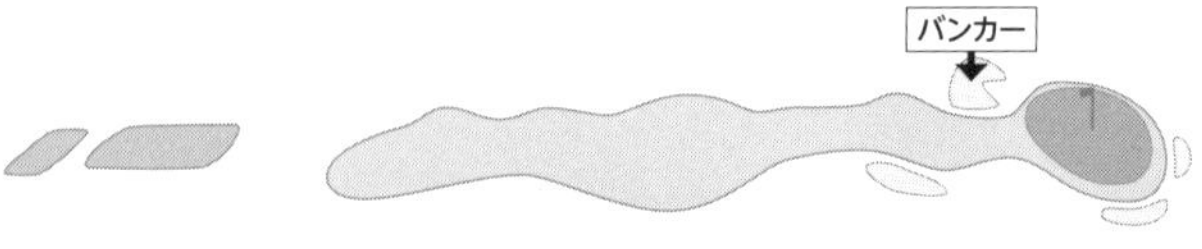

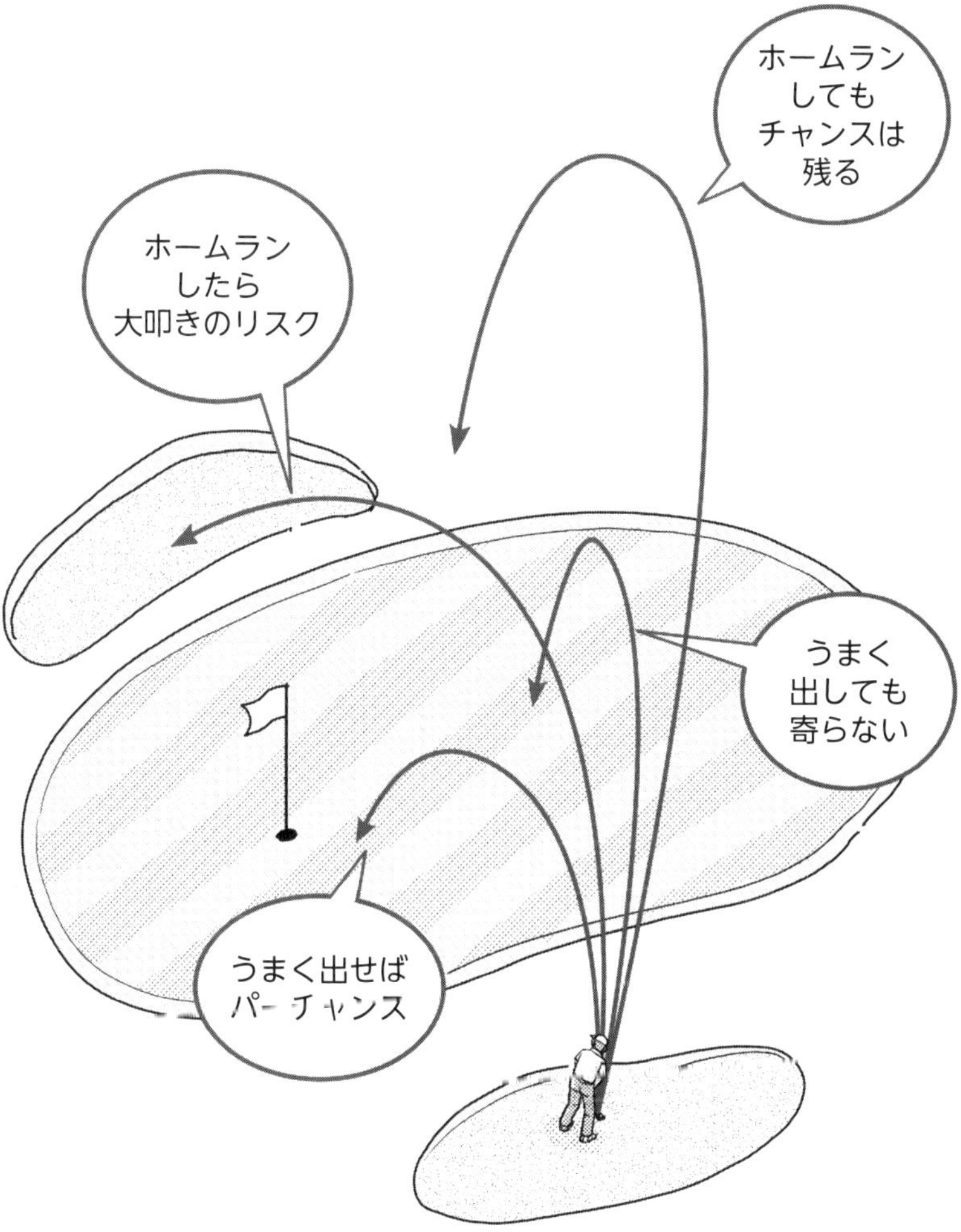
ホームラン
してもチャンスは
残る
ホームラン
したら
大叩きのリスク
うまく
出しても
寄らない
うまく出せば
パーチャンス

ーにつかまる可能性大。そうなったらダボ以上はほぼ確定的で、トリの可能性も大です。ここで改めてスコアのことを考えると、彼が100を切るには、上がり3ホールをボギーペースで回らなければなりません。しかし、3ホール全部をボギーで上がらなければならないわけではないのです。ここでダボを叩いても残りの2ホールのどちらかでパーを獲れれば挽回できますし、次の17番ホールパー5は後半のHDCP17。つまり後半最大のパーチャンスが残っているわけです。もっと言えば、17番でパーが獲れずボギーでも、最終ホールにパーの望みをつなぐことはできます。

しかし、もしここでトリを叩いてしまったら、残る2ホールを両方パーで上がらないといけませんし、トリの次がボギーなら最終ホールはバーディが必要。そうなったら、最終ホールを残して事実上のゲームオーバーです。いいわけ君は潔くミスを受け入れて、「パーかボギー」から「ボギーかダボ」に方針転換をし、「絶対にトリだけは打たない」という戦略でプレーしなければならないのです。

そのためには、**万一ホームランしてももう一度バンカーに入る心配のない方向を狙うことが大事。もちろんベタピンの可能性を捨てることになりますが、「パーを諦める代わりにトリのリスクを減らす」とは、この決断にほかなりません。**

ちなみに今回は、ホームランは考慮してもダフリは考慮していませんが、それはいいわけ君の状況では横を向いても脱出に必要な距離やアゴの高さが変わらないから。つまり、ダフリでの脱出失敗のリスクは、狙う方向では回避できないからです。もしアゴが高いとか脱出に距離が必要なゾーンがあるのであれば、そこも避けるべきです。

リアルなトータルスコアが見えてきてボーダーラインを意識したとき、日の前のホールのスコア設定は、「パーがほしい」から「ダボは打てない」へ、「ボギーをキープしたい」から「トリはダメ」に変わっていきます。**このように要求されるスコアが絶対的になるほど、マネジメントで考慮すべき結果も「できれば○○したい」から「絶対に●●しない（する）」へと高い確度のものが要求されるようになります。本来、実効性を持つマネジメントに必要なのは、この「絶対に」という考え方です。**上がり3ホールで設定スコアを達成する訓練は、そこに実感を持って取り組むうえで非常に重要な意味を持っているのです。

ラウンドレッスンの答え

トリを絶対避けるなら、パーを諦める勇気を

2打で1セット

目先の「寄せる」にとらわれるな！

一方ティショットをショートしたいけいけ君の2打目は、グリーン右手前のいいライからのアプローチ。ここで寄せワンを取れれば、残りの2ホールがグンと楽になります。

ＡＷで打ったアプローチは、いいラインに乗っているように見えましたがちょっと強すぎて、カップを通り過ぎても止まらず3～4ｍオーバーし、次に下りのスライスラインを残してしまいました。

ブラック先生「あのアプローチ、入れたいと思ったの？」

いけいけ君「そうではないんですが、ピッタリ寄せたいとは思いました」

ブラック先生「寄せても、次で入れられなきゃ意味がないからね」

やさしい状況からアプローチできて寄せワンのチャンスだと思うと、どうしても「寄せ

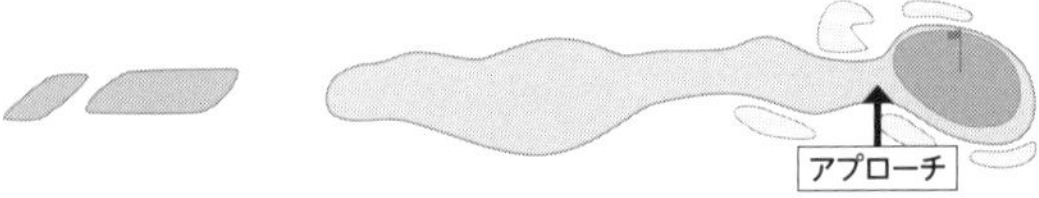

る」ことばかり考えがちです。でも寄せワンというのは、次のパットがカップインして初めて成立するんです。だからどんなにピンの近くに寄っても、次のパットに難しいラインを残してしまってはいいアプローチとは言えません。

アプローチの本来の目的は、「寄せること」ではなく「2打で上がるための準備」。目の前のアプローチが寄るか寄らないかだけを考えるのではなく、次のパッティングも合わせて2打1セットで考えることが重要なんです。

寄せようと思ってどんなに集中して狙っても、そうそうチップインはしませんよね。どうせそこから2打以上かかるなら、2打目がカップインする確率を上げることが肝心。ですからアプローチを打つ前には、「次のパットをどこから打ちたいか」を考えるようにしましょう。曲がる1ｍよりも真っすぐの2ｍ。下りよりも上り。そう考えて狙いどころを設定すれば、寄せワンの確率はグンとアップするはずです。

ラウンドレッスンの答え

寄せワンは「寄せる」ことより「次を入れる」ことが本質

ロマンは1ホール1回まで

自分のケツは自分で拭け！

苦しい展開のなかでたどり着いた17番パー5は、ＨＤＣＰ17。フェアウェイが比較的広くて左右にＯＢもない、いわばチャンスホールです。ティショットにあまりリスクがないうえ、打ち下ろしていて当たれば2オンのチャンスもゼロではないので、ロマンを持ってドライバーを振っていきたいホールです。

しかしあわよくば2オンという欲が出たいけいけ君は、力んで普段はあまり出ない引っかけが出て、ボールは１２０～１３０Ｙほど先の左の斜面に行ってしまいました。

2打目はつま先下がりの斜面ですが、とくに目立ったハザードもないので、いけいけ君は3番ウッドを持って距離を稼ぎにいきました。

ところがと言うべきか、やはりと言うべきか、いけいけ君の3番ウッドはむなしくボールの頭を叩き、ボールはわずかに転がって斜面の下に転がり落ちただけでした。

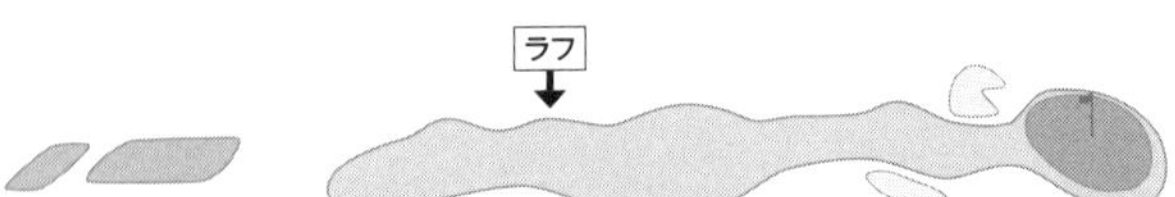

いけいけ君「ああーっ、せっかくのチャンスホールなのに！」

ブラック先生「ティショットをミスしたのに、2打目でもロマンを求めるなんて、悪循環の典型だね。ロマンは1ホール1回まで！」

このホールは、ティショットがローリスクですし、当たればチャンスが広がるホールでもあるので、ティショットにロマンを求めるのは間違いではありません。

しかしいけいけ君は、そのロマンを求めたティショットをミスしました。本来は、そのミスを受け入れて気持ちを切り替え、4オンをベースに3オンの可能性を残すマネジメントをしなければならないのですが、2打目でもロマンを求めて、つま先下がりのライから3番ウッドを持ちました。この流れは、ミスのスパイラルの典型です。

ミスをしたときというのは、ミスしっぱなしにしないで、必ずそのあと処理をすることが大事です。ティショットを曲げて斜面に行ったのなら、2打目は3打目をいい状態から打てるように準備することを最優先に、その役目をきちんと果たせる範囲内で少し距離を稼ぐなどのアレンジをするという考え方です。

ミスをしても、次の1打でしっかりフェアウェイやいいライに刻むなど事後処理を確実にできれば、そのミスで失うスコアは1打未満で済みます。普通にいけばボギーで収まりますし、ナイスプレーが出ればまだパーのチャンスもあります。しかし、**ミスの事後処理に手抜きをしてうまくリカバリーできなかったり、ミスした先の悪いライから挽回を狙おうなどとすると、高確率でミスを重ね、ダボ、トリといった大叩きが見えてくるのです。**

まして、ミスした次にギャンブルショットでそれを取り返そうと「２度目のロマン」を夢見る行為はまず成功しませんし、成功したとしてもただのラッキーでしかありません。

このホールのいけいけ君の場合も、万一スプーンでの２打目がナイスショットだったとしても、つま先下がりのライから飛ばせて１８０～１９０Ｙ。そうなると、３打目は１４０～１５０Ｙ残るわけで、そこからのショットがグリーンに乗る可能性は、多く見積もって３～４割程度でしょう。一方、２打目を欲張らずに７番アイアンくらいで前に運んでも残りは１７０～１８０Ｙ。３オンの可能性は低くても、ライとグリーン周りの状況次第ではグリーン周りまで運ぶことは十分可能です。果たして前者のチョイスは、価値ある投資と言えるでしょうか。

ミスにミスを重ねた時点で、大叩きは確定です。**それを避けるためにもロマンを求めるのは１ホール１回までにしてください。**

ラウンドレッスンの答え

ミスの次は、欲張らずに「事後処理」に徹する

届くの？

そこで「近づける」意味、ありますか？

一方いいわけ君のティショットはいつものスライスで２２０Ｙほど飛び、右サイドのやや左足下がりのセミラフに止まりました。しかしまだまだ残り２５０Ｙ近い距離が残っており、いいわけ君は３番ウッドを持ってボール地点に向かいました。

ブラック先生「そこから届くの？」
いいわけ君「とんでもない！　絶対届かないです」
ブラック先生「じゃあ、どうして3番ウッドを持ったの？」

答えは聞くまでもなく、「少しでも前に運びたいから」なのですが、果たしてこのショット、その意味があるのでしょうか。

いいわけ君の２打目は残り２５０Ｙ近くあり、どのクラブを使ってもグリーンには届き

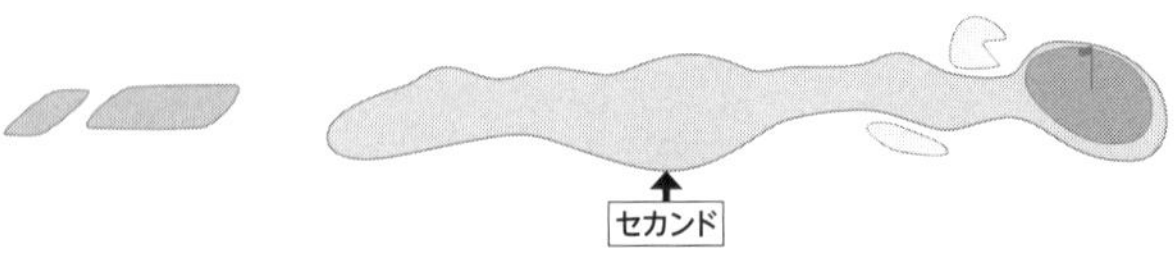

ません。平らなライで、打った先にも危険がないなら、３番ウッドでできるだけ飛ばすという選択肢もアリですし、当たれば乗るという距離ならトライする価値もあるでしょう。しかし実際は左足下がりのライで、３番ウッドを振り回すには決してやさしくありません。そして繰り返しますが、絶対に２オンしない距離でした。

うまくいけば３打目に残す距離を、１００Ｙから60～70Ｙにまで縮められますが、その30～40Ｙは、大きなリスクを背負ってまで減らしたい30～40Ｙでしょうか。

パー５の２打目に限ったことではありませんが、１打で乗らない、届かない状況であれば、２打で乗せられる可能性を最大にすることが最重要。その判断の結果、「できるだけ前に運ぶ」というチョイスも存在しますが、その際に２オンさえできなくなるミスの可能性は絶対に排除したいのです。発想はアプローチの「２打で１セット」と同じ。リスクなく次にチャンスを残すという考え方が肝心なのです。

ラウンドレッスンの答え

届きもしないのに振り回すのは、思考停止の証明だ

番手決定の根拠

どうしてクラブを1本しか持たないの？

３打目はなんとかうまく打ち、残り１５０Ｙのヤーデージ杭の近くのフェアウェイにボールを運んだいけいけ君。ヤーデージの杭を見て、７番アイアン１本を持ってボール地点に向かいました。

ブラック先生「1本しか持たないの？　その根拠のない自信は何？」

いけいけ君「だって、残り150Yの杭がそこだから……」

ブラック先生「えー？　もしライが悪かったらどうするの？」

いけいけ君は、残り１５０Ｙの杭の横にあるボールを見て、次は１５０Ｙ打てばいいんだとオートマチックに考えたようですが、だからといってボール地点に７番アイアン１本で行くなんて、私からすれば自信過剰に見えます。

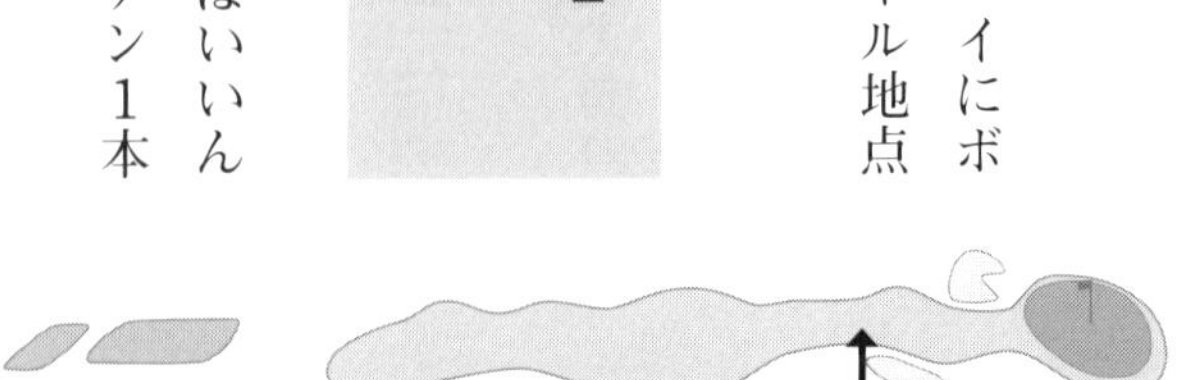

まず何より、ピン位置に対して無頓着すぎます。このコースは、ヤーデージの杭はグリーンセンターまでの距離を示していますが、ピン位置が手前や奥に振ってあったら、150Ｙの杭の位置からピンまでの実際の距離は135Ｙ〜165Ｙくらいまで前後する可能性があります。仮にピン位置がセンターで、実測距離が150Ｙピッタリだったとしても、ボール地点のライがいいとは限りませんし、アドレスしてみると足元の傾斜が気になったり意外に風が強いということもあり得ます。

それらの情報がハッキリしない段階で、ヤーデージの杭だけで判断して使用クラブを1本に決めてしまうということは、そもそも番手選択に距離以外の要因を考慮していないということの表れ。あまりにも浅慮というほかありません。**距離がわかっていたとしても、ボール地点の状況が定かでないなら、もう1〜2本、クラブの選択肢を用意してボール地点に向かい、ボールの状況を見て使用クラブを決める習慣をつけましょう。**

ラウンドレッスンの答え

「ゴルフ脳」が活動している人はクラブを必ず複数本持って行く！

パーで締めたい

「絶対にトリを打たない」ゴルフができますか？

ついに最終ホール迎えましたが、いいわけ君、いけいけ君ともに16番、17番をボギーで乗り切り、100切りに望みをつなげました。最終18番を、いいわけ君はボギーで上がれたら99。いけいけ君はボギーなら97で、ダボでも98ということになります。

いけいけ君　「よーし、最後はパーで締めるぞ！」

ブラック先生　「違うでしょ！　今日1日何を学んだの？」

最後はキレイにパーで上がりたいという気持ちはわかりますし、ダボでもOKという安心感がそう言わせるのでしょうが、この油断が大叩きの元です。

そもそも今日17ホール回ってパーが1つしかないのに、何を根拠に最終ホールでパーが獲れると思っているのでしょうね（笑）。

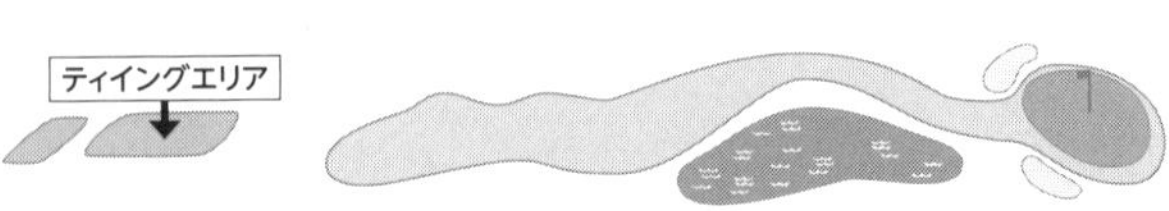

いけいけ君が今日本当に100を叩きたくないと考えているのなら、パーを捨ててでも絶対にトリを打たないゴルフをする必要があります。トリなんて、ちょっとしたミスや不運でOBを1発打ったらすぐに現実的になるスコアです。もしそれを計画的に回避でき、きちんとダボで上がれたら、それは本当の実力です。

実際、トリを確実に避けることができれば80台でプレーする実力があると言えますし、ダボを避けられるのなら70台で回ることができます。パーやバーディを獲る力よりも、ダボやトリを打たない力こそが実力なのです。

もし自分の実力を「90前後くらいかな」と思っている人は、「どんなホールでも絶対に」OBを打たずに、（パー4なら）4オンさせることができますか？　100くらいの人ならこれが5オンでOK。ただし条件は「絶対に」です。いま2人は、最終18番ホールで、その力が試されているのです。

ラウンドレッスンの答え

バーディを獲れる人がうまい人ではない。ダボを打たない人がうまい人なんだ

いやー　なんか
池に落としそうだなぁ～
古いボール使おうかな

その発想は打つ前から ミスしています!!

人間は、意識してしまったことを実行しようとするもの。「池に入りそう」と思ったら、池に入るようにスイングしてしまう。「こうなったらイヤだな」ではなく、「こうしよう」と実行することに集中するスイングが大切。

面を見る

曲がるくせにピンばかり見ない！

最終ホール、道中ダフリがあったものの、残り１００Y地点からの3打目。いいわけ君の腕前でも、３オンが十分期待できるところまでたどり着きました。

いいわけ君「ピンは左かあ。でも左にバンカーがあるな」
ブラック先生「ピンばかり見ないで、グリーン面を見ようよ！」

アマチュアの方の多くは、グリーンを見る際にピンをやたらと意識するから、その次にバンカーやOBなどグリーンの外にあるものに意識を引っ張られるのです。

もちろんハザードの位置はチェックする必要がありますが、残り１００Yなら、グリーンセンターを狙っておけば、そうそうグリーンの外まで曲がるものではありませんし、ここは左右に広いグリーンですので、右サイドにはかなりのマージンがあります。最初にピ

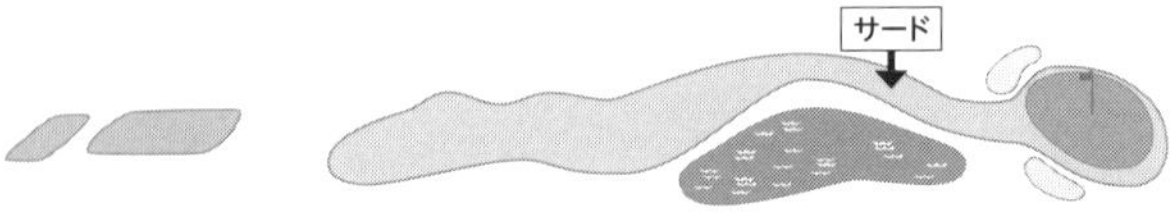

ンを見るから左のバンカーが過剰に気になるのです。まずはグリーン面全体を見て、そのエリアに乗せるという考え方からスタートすれば、このホールでも左のバンカーはさほど気にならないはずなんです。

まずは、**打つ番手のミスの幅を考慮した円を想定し、その中心がグリーンセンターに来るように狙いましょう。**そしてその円内にバンカーや池がかかるなら、中心をハザードから遠いほうに少しズラしてかからないようにします。反対に、円の外側にまだマージンがあるなら、その円をピン方向に寄せてもいいのです。

ショットの精度が高いプロはこの円が小さいためピンをデッドに狙っているように見えますが、基本的にはこのように考えています。ショットの精度が低い人や、持つ番手が長くなれば円の直径が大きくなるため、円の中心＝狙いどころはピンから遠くなりやすいですが、考え方は同じなのです。

ラウンドレッスンの答え

ピンより先にグリーン面を見る

最後のパット

「入ればパー」は下手の発想

最終ホール、いいわけ君、いけいけ君ともに3オンに成功し、あとはパットを残すのみ。いけいけ君が15mほどのファーストパットをオーバーして3mほどのパットを残している間に、いいわけ君はナイスタッチのパッティングで50cmにつけ、ボギーをほぼ確定的にしました。するといけいけ君は、急にプレッシャーを感じ始めます。

ブラック先生「そこから3パットすると、いいわけ君に追いつかれちゃうよ」

いけいけ君「プレッシャーかけないでくださいよ〜」

もちろん私は、意図的にプレッシャーをかけています。このくらいのプレッシャーで3mを3パットするようなら、それが実力ということですからね。3mというのは、アマチ

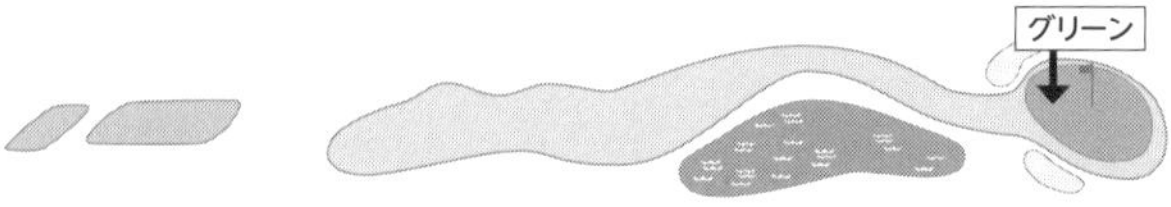

ュアでも充分1パットが狙える一方で、実際のカップイン率は1割未満でしょう。ですが、次にタップインさせられるくらいのところに寄せることはできる距離のはず。

いまいけいけ君は、これを入れて97で上がりたいという気持ちと、4パットせずなんとかそこから2パットのダボに収めていいわけ君に勝ちたいという気持ちでいっぱいになっています。しかしこの3mを入れにいって1mの返しを外してしまったら、今度はいいわけ君に追いつかれる可能性も出てくるのでビビっているのです。

こういう場面で大事なのは、ラインをちゃんと読み切って、決めたタッチで打つことに専念すること。「入れれば勝ち」とか「入れればボギー」という考えを捨て、やるべきことに集中しましょう。そして結果として入ったら、勝ったり100が切れたりするのです。

ゴルフは、自分で結果をコントロールできません。「パーを獲る」ことは結果でしかなく、自分にできることは目の前の球を打つことだけです。その割り切りができるかどうかが、プレッシャーに打ち克てるかどうかのカギと言っていいでしょう。

ラウンドレッスンの答え

結果は左右できない。自分にできることに集中する

Miss 50%

ホールアウト後

スコアカードは捨てちゃダメ！

これでやっとスパルタなラウンドレッスンも終わり……と気を抜くのはまだ早すぎます。ラウンドレッスンは、ホールアウトして終わりではありません。しかしスコアを直視したくないいけいけ君は、こともあろうにスコアカードをゴミ箱に捨てようとしました。

ブラック先生「こら！　証拠隠滅は重罪だぞ！」

いけいけ君「こんなスコア、見たくないですよ〜」

今日は、冒頭でご紹介した詳細なスコアカードをつけているので、ラウンドの細かなデータがすべて残っています。上達したいのであれば、このスコアカードは宝の山。分析もせずに捨てるなんて、もったいなさすぎます。

自分のスコアカードを見直してみると、漠然とラウンドしているだけでは気づけなかっ

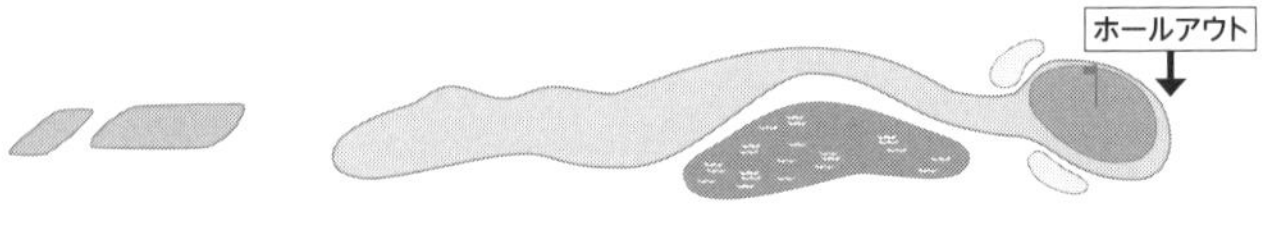

た問題点が明らかになってきます。パーオン率やフェアウェイキープ率、１００Ｙからの平均スコアなどはとくに、自分で「このくらいだろう」と想像していた数値との差に愕然とするはずです。また、自分はフック系だと思っていたのにミスは右サイドが多かったとか、得意だと思っていたドライバーがフェアウェイを1度しかとらえていなかったなどというケースも多々あり、自分の本来の姿を客観的に見る機会になります。

これらのデータを洗い直せば、自分のスコアアップのために何が必要かがハッキリとわかり、今後どんな練習をすべきかも見えてきます。

ちなみにスコアについてひとつ言うなら、１００切りなら「50を打たないこと」、90切りなら「45を打たないこと」を目指してください。

45－52の97よりも、49－49の98のほうが価値があります。ベストスコアはその人のポテンシャルを示しますが、実力はワーストスコアに表れるのです。

ラウンドレッスンの答え

スコアカードの「復習」なしに上達はない

ラウンド後の復習

まさか、このまま帰る気ですか？

スコアカードを見直し、２人とも現実を突きつけられて意気消沈していますが、今日はまだ最後の「締め」が残っています。それはもちろん「練習」です。

いいわけ君「これから練習するんですか⁉」

ブラック先生「いましないでいつするの？　鉄は熱いうちに打たなきゃ」

私は、ラウンドレッスン後にはできる限り生徒と一緒に練習場に行きます。そして、今日の問題点が鮮明なうちに、その改善方法を指導します。

球数をたくさん打つ必要はありません。「14番の右ＯＢは痛かったなあ。あのポールを右の林だと思って、そこより左に打つ練習をしよう」とか、「13番のパー３で低い球を打とうとしてミスをした。どうすれば低い球を打てるのかな」などと、**その日のラウンドで**

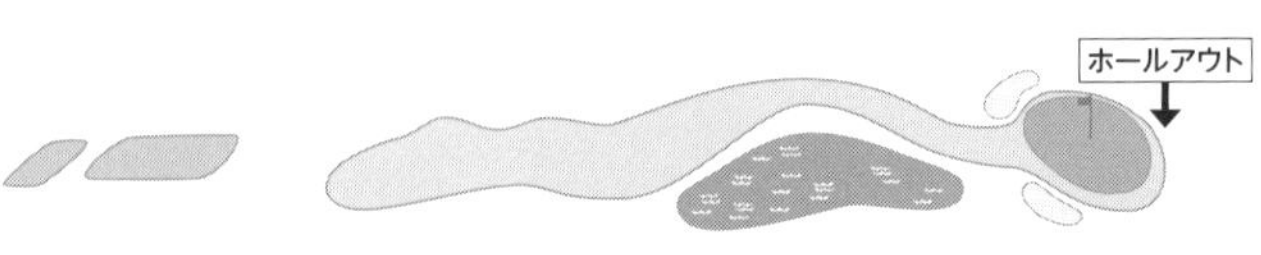

出たミスを具体的に思い出しながら、復習することが大事です。もちろん、スコアカードを分析した結果、明らかになった弱点を克服する練習もできればベターですね。

もし環境が許せば、ホールアウト後はアプローチやパッティング、バンカーなど、普段の練習場ではできない芝や砂の上での練習を重点的にやってほしいですね。アプローチの本当の技術は、芝の上でしか身につきません。ですので私は、ラウンドレッスンの際はできるだけアプローチ練習場の充実したコースを選ぶようにしています。

ラウンド中の1打は普段の練習場での１００打に勝る価値がありますが、ラウンド後の練習の1打は、さらに大きな価値があるかもしれません。疲れているのはわかりますが、あと1時間がんばって、少しでいいので練習をしてから帰途につけば、今日のラウンドが効率よく血肉になり、本当の実力が身についていくはずです。

では、これで本日のラウンドレッスンは修了です。お疲れさまでした！

ラウンドレッスンの答え

ラウンド後の練習はダイヤモンドの価値がある

おわりに

みなさん、私の仮想ラウンドレッスンに同行してみて、いかがでしたか?

きっと「いちいちうるさい」「言い方がイヤ味」などと感じたかもしれませんが(笑)、本当のラウンドレッスンはもっと辛辣です。なぜなら、実際はそのくらい言わないとみなさん身に染みないからです。

「失敗は成功の母」と言うように、上達やレベルアップのためには、ミスや失敗というのは非常に大きな教訓を含んでいます。とくに「ミスのスポーツ」と言われるゴルフは、ミスをどう修正し、減らしていくかがレベルアップの最善の方法です。しかし一方でゴルフは、明らかに間違った判断からいい結果が出ることも、いい選択をしたのにイージーミスで結果につながらないことも多々あります。そのため、実際にプレーしていると、出るべくして出たミス、やってはいけないミスなど、本来重要な意味を持っているシチュエーションも、さりげなく素通りしてしまうケースが多いのです。そしてそれは、問題点の誤認やごまかしにつながり、上達するうえで大きな足かせとなります。

私の意地悪な指摘は、それらを表面化させつつ記憶に強くとどめるための手法なのです。

ほとんどのアマチュアは、「ナイスショットだった（と自分では思った）のに、ボロカスに言われた」とか「ちょっとしたミスなのにしつこく責められた」という経験をしないと、なかなかその事実に気づけません。また、自分の本来の姿を客観的に見られず、甘いイメージのなかでプレーしている人も非常に多い。ラウンドレッスンにおける私という存在は、技術的な指導をするコーチとして以上に、その客観的な視点を提供するカメラの役割が大きいのです。

私でなくてもいいので、誰かプロゴルファーと一緒にラウンドする機会があれば最高なのですが、その機会がない人も、私に見られているつもりで客観的な目を意識しながらプレーしてみてください。それは簡単なことではありませんが、スコアカードがその大きな助けとなってくれます。本書のＰ26～27にあるスコアカードを活用してみてください。

最後に、本書の出版にあたりご尽力くださった主婦の友社の佐々木亮虎さん、菊池企画の菊池真さん、構成の鈴木康介くん、そしてアマチュアの典型例として多くの示唆を与えてくれた私の生徒たちに厚く御礼申し上げます。ありがとうございました。

令和元年　6月　小野寺 誠

【著　者】
小野寺　誠（おのでら　まこと）
1970年生まれ。東京都出身。16歳で渡米して最新スイング論を学ぶ。21歳で帰国し、1996年にプロ入り。トーナメントに出場する一方で、一般アマチュアからトップアマ、ツアープロまで幅広くコーチングを展開。世界のトッププレーヤーのスイング分析にも定評がある上に、過去8000人を超すアマチュアを指導した経験などから多くの講演を行い、ゴルフＴＶ番組にも出演。
著書は『100を２度と叩かないゴルフレッスン』『なぜあの人は月イチゴルファーなのにシングルになれたのか？』（以上主婦の友社）、『「飛ばす」「狙う」を理解するゴルフ練習メニュー200』（池田書店）、『ミスが減り、スコアが伸びる最強のゴルフ練習法』（ＰＨＰ研究所）など多数。

【ＳＴＡＦＦ】
構成／鈴木康介
イラスト／Ａ子、鈴木真紀夫
装丁、本文デザイン・DTP／石垣和美(菊池企画)
編集／菊池企画
企画プロデュース／菊池　真
編集担当／佐々木亮虎（主婦の友社）

ラウンドレッスン日本一《にほんいち》のプロが教《おし》える「ゴルフ脳《のう》」

2019年7月31日　第1刷発行

著　者　小野寺《おのでら》　誠《まこと》
発行者　矢﨑謙三
発行所　株式会社主婦の友社
〒101-8911　東京都千代田区神田駿河台2-9
電話 03-5280-7537（編集）
03-5280-7551（販売）
印刷所　大日本印刷株式会社

ISBN978-4-07-438653-6

●本書の内容に関するお問い合わせ、また、印刷・製本など製造上の不良がございましたら、主婦の友社（電話03-5280-7537）にご連絡ください。
●主婦の友社が発行する書籍・ムックのご注文は、お近くの書店か主婦の友社コールセンター（電話0120-916-892）まで。
※お問い合わせ受付時間　月～金（祝日を除く）　9：30～17：30
主婦の友社ホームページ　http://www.shufunotomo.co.jp/